周蓓 主编

专题史丛书

(日)武田丰四郎 著 杨錬 译

河南人民出版社

印度古代文化

本书主要叙述印度的人文地理、文化史的分期、文化的实相等问题，对印度古代思想史和宗教史的论述尤为详细，虽然篇幅不多，但其中有不少鲜为人知的佛教音乐和世俗戏剧资料

圖書在版編目(CIP)數據

印度古代文化 /（日）武田豐四郎著；楊鍊譯．—鄭州：河南人民出版社，2016.10(2017.7 重印)
（專題史叢書 / 周蓓主編）
ISBN 978-7-215-10474-7

Ⅰ.①印… Ⅱ.①武… ②楊… Ⅲ.①文化史-印度-古代 Ⅳ.①K351.203

中國版本圖書館 CIP 數據核字(2016)第 256677 號

河南人民出版社出版發行
（地址：鄭州市經五路 66 號　郵政編碼：450002　電話：65788063）
新華書店經銷　　河南新華印刷集團有限公司印刷
開本 710 毫米×1000 毫米　1/16　印張 16.5
字數 120 千字
2016 年 10 月第 1 版　　2017 年 7 月第 2 次印刷

定價：106.00 圓

出版前言

中國現代學術體系是在晚清西學東漸的大潮中逐步形成的。至民國初建，中央政治權威進一步分散和削弱，加之新文化運動帶給國人思想上的空前解放，新學的啓蒙，新知識分子的産生，民國學術如草長鶯飛，進入一個自由而蓬勃的時代。中國傳統學科乃中國學術之根基與菁華所在，民國學人采用『取今復古，别立新宗』之方法，引入西方的學術觀念，積極改造，使史學、文學等學科向現代學術方向轉型。此外，大力推介西方社會科學的新學科和自然科學，在學習、借鑒乃至移植西方現代學術話語和研究範式的過程中，逐漸建立中國現代學科，使中國的學科門類迅速擴展。一時間，新舊更迭，中西交流，百花齊放，萬壑争流，開創了中國現代學術的源頭。

伴隨知識轉型和研究範式轉换而來的，還有學術著作撰寫方式的創新。中國古代的著作向來以單篇流傳，經後人整理匯編後，方以成册成集的面目出現并持續傳播。直到十九世紀末，東西方的歷史編撰體裁不外乎多卷本的編年體、紀傳體和紀事本末體等，章節體的出現標志着近代西方學術規範的産生和新史學的興起。章節體具有依時間順序，按章節編排；因事立題，分篇綜論；既分門别類，又綜合通貫的特點。以章、節搭建起論述之框架，結構分明，邏輯清晰，較傳統的撰寫體裁容量大、系統性强。它的傳入，使中國現代學術體系從内容到形式被納入了全球化的軌道。民國時期專題史的研究、譯介、編纂、出版恰恰是在這樣的背景下欣欣而發，是學術的實驗場，也是歷史的記録儀。編選『民國專題史』叢書的初衷正是爲了從一個側面展示中國學術從傳統向現代過渡的歷史進程。

專題史是對一個學科歷史的總結，是學科入門的必備和學科研究的基礎，也是對一個時代艱深新鋭問題的解答，是學術研究的高點。民國專題史著作中，既包含通論某一學科全部或一時代（區域、國别）的變化過程的，又囊括對一時代或一問題作特殊研究的，還有少部分是對某一專題的史料進行收集的。原創與翻譯并重，翻譯的底本大多選擇該學科的代表著作或歐美大學普及教本，兼顧權威性和流行性，其中日本學者的論著占據了相當比重。日本與中國同屬東亞儒家文化圈，他們在接納西方學術思想和研究模式時，已作了某種消化與調適，從思維轉換的角度看，更便于中國借鑒和利用，他們的著作因而被時人廣泛引進。

與當代學術研究日趨專業化、專門化、專家化的『窄化』道路迥乎不同的是，中國傳統學術崇尚『學問主通不主專，貴通人不尚專家』的通識型治學門徑，處于過渡轉型期的民國學術在不同程度上保留了這種特徵。民國學術大師諸學科貫通一脉，上千年縱横捭闔之功力自不待冗言，外交家著倫理政治史，文學家著哲學史，化學家著戰争史等亦不乏其人，民國專題史研究呈現出開放、融通、跨界撰述的特點。與此同時必須看到，自晚清以來，中國的命運就在外侮屢犯、内亂頻仍的窘境中跌宕彷徨，民族存亡仿若命懸一綫。這股以創建學科、總結經驗、解決問題爲指歸的專題史出版風潮背後，包裹着民國學人企望以西學爲工具拯民族于衰微的探索精神，及以學術救亡的愛國之心。梁任公曾言：『史學者，學問之最博大而最切要者也，國民之明鏡也，愛國心之源泉也。』這種位卑未敢忘憂國的歷史使命感和國民意識是今人無法漠視和遺忘的。

『民國專題史』叢書收録的範圍包括現代各個學科，不僅限于人文社會科學，學科分類以《民國總書目》的分科爲標準，計有哲學、宗教、社會、政治、法律、軍事、經濟、文化、藝術、教育、語言文字、中國文學、外國文學、中國歷史、西方史、自然科學、醫學、工業、交通共19個學科門類。本叢書分輯整理出版，内不分科，單本發行，方便讀者按需索驥。既可作爲大專院校圖書館、學術研究機構館藏之必備資源，也可滿足個人研讀或興趣之收藏。

與目前市場已有的一些專題史叢書相比，『民國專題史』叢書具有規模大、學科全、選本精、原版影印的特點。本叢書選目首重作者的首創、權威和著作影響力，尤其注重選本的稀見性。所謂稀見，即建國後没有再版，且多數圖書館没有收藏，或即便有收藏，也是歸于非公開的珍本之列予以保存，普通讀者難以借閲。部分圖書雖有電子版，但作爲學術研究的經典原著讀本，紙質版本更利于記憶和研究之用。本叢書精揀版本最早、品相最佳的原版圖書作爲底本，因而還具有很高的版本收藏價值。

『民國專題史』的著作是民國學者對于那個時代諸問題之探究，往往有獨到之處，無論其資料、觀點短長得失如何，要之在中國現代學術史的構建與發展進程中，自有其開宗立論之地位。

目次

印度古代文化

第一章　古代文化史上的印度

在最古時代產生文化的有埃及、巴比崙、中國、印度、中央亞美利加五國。在這些古代文化的國家中，最早發生的要推埃及和巴比崙。

據邁爾氏（Eduard Meyer）的考究，埃及制曆的年代在西曆紀元前四千二百四十一年。這考究的當否固然是另一問題，不過埃及最初國王米尼斯（Menes）的即位年月，確在紀元前三千年以前，這是毫無疑義的。關於這王的即位年月，各學者的主張，微有不同：邁爾氏則採紀元前三千三百十五年說；塞司（Sethe）採三千三百六十年說；布勒斯特（James H. Breasted）則採三千四百年說。在這王沒有統一全埃及之前，分上埃及和下埃及兩國，兩者對峙很久。這樣看來，埃及是距今約六千年前所開發的古國，不容疑了。

據發掘的埋藏品所示，從三稜洲到努比亞（Nubia）的尼羅（Nile）河谷，和後世住民，是同一血統的人種，在埃及史開始以前，已經居住數世紀了。彼等最古的埃及人，因爲耕作河谷肥沃土地而生活的結果，勢非定住於都邑裏不可。並且爲了河水的調節和分配，更不得不經營共同作業。古代埃及人雖在同一統御者之下服務勞役，但這便是在它住地上開拓文化的一種要因。例如中國的黃河流域，巴比崙的幼發拉的（Euphrates）底格里斯（Tigris）兩河下流，所以能夠很早就開拓文化的，也是和埃及同一理由。

古代埃及的各都市，都崇拜特有神。但是也有三市乃至五市崇敬同一神的實例。古代埃及人的崇拜諸神，固是事實，不過它的信仰是屬於極原始的。彼等把所信奉的諸神和諸動物相結合，承認諸動物是現示的生神。吾人若把古代埃及文化來比較古代印度文化，到底難認爲高級。

其次，巴比崙也和埃及相同，是由於河流的恩澤和人民的治水而共同一致發生的。但是埃及在地勢上，不受隣近强族的侵寇，能夠孤立在歷史大潮流以外，使它的文化本質，始終純一，未蒙外國的影響，而得發揮它的特徵。至於巴比崙便不然，是各方異民族侵入或移住的所在，這些異人種，不斷的爭奪權勢，互遭盛衰興亡的運命，其在上的支配者，常常遠征他國或和遠方貿易，結果它的文化和宗教受着別國的影響，同時也能影響別國，這種相互的影響比較埃及顯著得多。

在南部巴比崙的最古住民，是從蘇美爾（Sumer）國名而來的蘇美爾人（Sumerians）。塞姆人（Semites）居住此地，遠較蘇美爾人爲早，不過產生最古文化的，却非塞姆人而是蘇美爾人。巴比崙的各都市，包括其四邊而成原始的國家，互相崇拜特有的神，它的首領，是政治上的主權者，同時，也是宗教上的教主。

住在巴比崙北部阿闍底地方（Akkad or Accad）的阿闍底人（Akkadians），攝取蘇美爾人的文化很多。紀元前約二千五百年時，建設阿闍底王國的薩艮王（Sargon）幾次的遠征，降服南部巴比崙的蘇美爾人。其後經過幾多王朝的興亡，另由敍利亞（Syria）侵入的塞姆人酋長，在紀元前二千六十年時，作了巴比崙的王。這王朝的第六祖，便是近時發見之一法典的制定者漢謨拉比大王（Hammurabi 1948—1916 B. C.）。大王不但征服巴比崙全部，並且把亞述（Assyria）

和美索不達米（Mesopotamia）的一部，包括在它的領土內在一千九百一年及翌年正月，法政府派遣摩爾根氏（M. de Morgan）統率探索隊從蘇撒市（Susa）的廢墟掘得彫刻在暗綠石面的漢謨拉比大王所發布的法典。看了這遺物便知大王依着殖產興業開築運河灌溉工事神殿與隆，敵國擊破等方策力圖物質文明和精神文明的上進，藉此增加國民的福利。而且大王把民族生活的指導，社會秩序的整理，政治團體的組織和其他百般設施一一都放在宗教信念的基礎上，這是值得注目的。又關於這國廣泛的神話記錄，亦有舊記可查。而此國的呪法僧（The Ashipu Priests），長於禳災的祕法，占術者精通天變地異的判斷和曆日的凶吉等。

巴比崙文明可以追溯到五千年的往昔。但是它畢竟不能和印度文化同列，也只可在於低級。

當底格里斯河西方且挾着大小紮布河（Zab）的亞述爾首都（Assur），以這爲中心，在紀元前第二十一世紀伊魯蘇馬王（Ilusuma）建設亞述王國。

但是亞述文化在各方面，不能不受巴比崙文化的影響。並且亞述人輸入它西部敍利亞以及小亞細亞的文化很多。

亞述文化，也是在紀元前六百六年，隨着它首都尼尼微（Nineveh）的陷落而告終。

在巴比崙故地，其後發生新巴比崙王國，這便是迦勒底王國（Chaldea），不過相隔不久，又被波斯人征服了。這些巴比崙、亞述、迦勒底等文化，對於敘利亞腓尼基（Phoenicia）、居伯羅島（Cyprus）、埃及等，給與直接間接的影響。

其次，就第三古國的中國文化一言。

原始的中國文化，是以現今甘肅陝西兩省作背景而發生的，其後沿着黃河流域東進，結局北達揚子江的南岸。

關於中國歷史上最初帝王的黃帝即位年月，推定是紀元前二千七百四年，這是西漢時代的計算。然而在其他古典裏，把黃帝的卽位年月算在紀元前二千四百九十一年。不問兩說孰是，中國在距今四千數百年前，無疑地已經開拓它文化的端緒了。在現今的史家中，很少有以爲中國文化和埃及、巴比崙文化，曾發生交涉的。並且不問是中國的古傳說，或是一般歐洲學者的研究，都以爲中國人在最古就是這地的原住民，而其文化是自發的。

中國文化，遠比埃及巴比崙的文化來得高，而且帶着濃厚的現實色彩，目標在調和政治和道德。尤其是中國文化能够存續它傳統的生命直到今日，這和印度文化同可誇世的一點。但是在哲學宗教方面，中國遠不及印度。中國人所有的道德思想，也不及印度有幽玄哲學和宗教作基礎。

其次發生於中央亞美利加的古代文明，久埋在地中，後人才發見的。因此，以爲它和別國沒有文化的交涉，所以不足深論。

以上所述埃及、巴比崙、中國、中央亞美利加四國的古代文化，到底不能和優秀的印度文化相比擬；關於這點，以下逐一的詳論之。

印度地方，在有史以前，便有諸種民族移住。不過講到開拓印度文化的，却是印度雅利安人（Indo-Āryans）；它定住在印度半島的西北部五河地方（Panjab），在紀元前二千年以內。

據一般所知的，印度文化是以哲學、宗教、道德爲本位的精神文明。但是印度古代的科學、藝術、實業等發達程度，也決不劣於古代的埃及巴比崙中國等國。那麽在最古時開拓文化的五國中，文化發達最高級的，可以斷言是印度了。

其後新的文化發生於東西洋各地。例如東洋的日本、朝鮮、南洋羣島等處，各具特殊的文化。但是在這些新東洋文化裏，沒有一種不受印度文化的影響的。而中國文化也能感化到這些新東洋文化中的某一部分。

據近時所發見的，在希臘人開拓文化之前，小亞細亞對岸的半島和半島海中的羣島，都已經具有太古文化的特徵了。關於這海島文化的如何豐富，和藝術方面的發展如何優秀，是根據舍利曼氏（Schliemann）在邁錫尼島（Mycenae）所發見而示於世的。當時曾稱這文化叫邁錫尼文化。然而後來探求他方面的結果，這所謂邁錫尼文化名稱包含的地域，爲之擴大；並且證明這文化不是從半島流傳於諸島的，倒是從海島弘布於大陸之希臘的。這樣一來，於是那些學者，叫這文化是廣泛的愛琴文化（Aegean Civilisation）了。

自從一千八百九十三年在克里特島（Crete）發見種種之後，便明瞭愛琴文化在這島上發生進展的情況。史家把這文化，區別爲三期。克里特文化的初期，是依米諾安一世（Minoan I）爲代表的太古時代。推定米諾安一世的年月，約當埃及的金字塔（Pyramid）時代和巴比侖南部蘇美爾文化時代第二期，從紀元前二千年約歷數百年。第三期，便是沒落時代，從紀元前一千六百年到同一千二百年之間。此國因爲和埃及通商，所以在藝術上有攝取埃及趣味之點，不過決非依樣畫葫蘆的模倣，而且一些不受巴比崙文化的影響。

克里特島的文化，先傳於昔加拉第島（Cyclades），再傳至希臘。這文化行於希臘的年月，約當克里特島米諾安文化的終期。

右述愛琴文化，苟能和埃及文化、巴比崙文化等爲伍，那麼最古的文明國數，又增一個了。

希臘人最初移住希臘的年月，不得而知。按同一血統的人種第二次侵入希臘，大概在紀元前十二世紀前後。全歐洲的哲學、宗教、科學、藝術等，一律發源於希臘文化。這樣看來，代表古代歐洲文化的，便不能不認是希臘文化了。

在紀元後五百二十九年，查士丁尼皇帝（Justin'ian）頒發命令，把哲學教授監禁在雅典市（Athens），於是繼續九百年的希臘文化，遂告終滅。

羅馬的文化，也曾發展到高度，不過祇能認它是希臘文化的延長。

現在試把代表東洋古代文化的印度文化，和代表西洋古代文化的希臘文化來比較一下，都各有長短。

但是講到文化生命的長久，遍及多方面的，內容的深遠，各部門中的儘先發達等，那麼便不能不承認印度文化可列於希臘文化的上位。在哲學宗教的方面古代印度的發達，絕不讓於歐洲近代的國家。

這樣看來，若是把印度文化置之腦後不談，而要討論思想和文化時，簡直是笑話！

〔備考書目〕

(1) George Foot Moor: History of Religions, Volume I, Edinburgh, 1914.

(2) James H. Breasted: History of Egypt from the Earliest Times to the Persian Conquest, second edition, 1909.

(3) Adolf Erman: Handbook of Egyptian Religion. Translated by A. S. Griffith, 1907.

(4) Alfred Wiedemann: Religion of the Ancient Egyptians, 1897.

(5) James H. Breasted: Development of Religion and Thought in Ancient Egypt 1912.

(6) L. W. King: History of Babylonia and Assyria from Prehistoric Times to the Persian Conquest Part 1, History of Sumer and Akkad, 1910.

(7) R. W. Rogers: History of Babylonia and Assyria, 2 volumes, 1905—12.

(8) Harper: The Code of Hammurabi, 1904.

(9) Johns: Babylonia and Assyrian Law, Contracts and Letters, 1904.

(10) Arthur Ungdad: Babylonische Briefe aus der Zeit der Hammurapl-Dynastie, Leipzig, 1914.

(11) Derselbe: Brief König Hammurapi, Berlin. 1919.

(12) Delitzsch: Beiträge zur Assyriologie.

(13) Lewis R. Farnell: Greece and Babylon, 1911.

(14) Arthur Fairbeanks: Handbook of Greek Religion, 1910.

(15) Eduard Meyer: Geschichte des Alterturs, volume II-V, (1893—1902).

(16) E. Aust: Die Religion der Römer, 1899.

(17) W. Warde Fowler: The Religions Experience of Roman People, 1911.

(18) E. J. Rapson: Ancient India: From the earliest times to the first century A. D. 1914.

(19) Vincent A. Smith: Early History of India, second edition, 1908.

(20) William Ward: A View of the History, Literature and Mythology of the Hindoos. 3 volumes, 1822.

第二章　印度的人文地理

現時英屬印度是一百八十五萬方哩面積和三億一千九百萬人口的大國。因此它人種、言語、風俗等的多種多樣是別國所難見這種類例的。現在要探求印度的古代文化，擬先一述它的人文地理。

現代印度的面積，比較全歐的面積，除去歐羅巴、俄羅斯之外，沒有比它大的，約當英國本土的十六倍。

從五河（Panjab）的極北部直到南方科摩林角（Cape Comorin），共長一千八百三十哩；再從印度河（Indus）河口近處的喀喇蚩（Karāchi）到緬甸東端，計闊二千哩以上。

緬甸在今日雖成印度帝國的一省，但是仍舊保存着特有的歷史，以不加入印度史中敍述爲妥。

又錫蘭島雖是靠近印度的一個島嶼，但在行政上，不包括在英屬印度中的。

在北方和東北方，峻嶺屏立，交通阻絕。然而在印度河西的山脈處，却有若干通路，這是進入印度唯一的門戶。

由西方康木拜灣（Gulf of Cambay）到東方馬哈哪的河（Mahanadi）諸口之間，綿亙着丘陵和叢林，自然的把一個大半島隔成南北兩部。介於這中隔山脈和喜馬拉雅（Himalaya）即大雪山之間的北方大平原，靠着恆河（Ganges）和印度河的水利，灌溉耕作。

這北方大平原，古代印度人稱它爲雅利安人住地（Āryāvarta），回教徒叫它是印度人住地（Hindūstān 痕都斯坦）。開展於中隔山脈的南方的半島形地方，古來叫作達克西那（Dakshina）。按達克西那是梵語南之義，便是現時英語化的德干（Deccan，Dekhan）。不過德干的地名，現今一般僅指奇斯得那河（Kistna）以北的高原，極南的怛密拉加木（Tamilakam）即所謂怛密爾國（Tamil Land），是從德干中區別出來的。

如上所述，印度可以區分痕都斯坦大平原，德干大高原，極南怛密國的三大部分。印度在未成英領時，其主要的歷史事變是以痕都斯坦爲舞台而發生的。這痕都斯坦的面積，可大別爲印度河流域和恆河流域，兩者各有它特殊的文化史。便是在同一的恆河流域，它上流和下流兩地的歷史，也是大大不同的。

印度最古的住民，是經過石器、銅器、鐵器三時代的，這可以發掘的遺物來證明。不過青銅器時代，印度還沒發見。

現存的各種印度人，是否便是使用石器、銅器等的原人後裔？還未得確切的解決。現今可斷言的，目前三億一千九百萬的印度人，是移住時代不同血統複雜民族的後裔。

印度在有史以前，已有諸民族侵入了。這些舊住民族，可以大別爲印度雅利安人(Indo-Āryans) 和非雅利安人兩種。所謂非雅利安人，是很早移住印度的低級民族的總稱，包括科拉利安人(Kolarians) 和達羅毗茶人(Dravidians)等。科拉利安人的身材短小，膚黑鼻低，現存的科爾人(Kols) 和俾爾人(Bhils)，便是它的代表型。達羅毗茶人現時雖住在南方大高原，但是從前曾經佔居過北方大平原的。後來因爲定住在但密爾國(Tamil)，舊名達羅毗茶國(Dravida)，所以叫作達羅毗荼人。這人種雖然也是身短膚黑，但是不明其系統何屬。這人種並非粗野的蠻人，好像在紀元前數百年時，已經脫離蒙昧的狀態了。這人種所使用的言語，細別起來可分為怛密爾語(Tāmil)，泰羅古語(Telugū)開那累斯語(Kanares)馬來雅蘭姆語(Malayālam)圖盧語(Tulu)等。怛密爾人所使用的怛密爾語，曾經產生豐富的文學。這些達羅毗荼系的諸語，和印度雅利安語及科拉利安語的系統，完全不同。

上述科拉利安人或達羅毗荼人，雖和印度文化有若干交涉，但決非印度文化的開拓者。產生印度文化的，是後來的印度雅利安人之高等民族。

關於印度雅利安人移住印度的年代，有紀元前三千年、同二千年、同一千五百年等說。就中以紀元前二千年到一千五百年間的某時期，為最妥當。

這人種軀長鼻隆，其容貌和體格與科拉利安人達羅毗荼人完全不同。在現時高貴的印度人中，印度雅利安人多數可目為典型的。

古代印度雅利安人所用的梵語，在十八世紀末葉，介紹到歐洲學者中，惹起言語學上一大革命。一千八百八年，德國學者希勒格（Friedrich Schlegel）刊行印度人的言語及智慧一書，最初在言語學上採用比較的研究法和歷史的研究法。到一千八百十六年，波普（Franz Bopp）發表梵語格例法和希臘語拉丁語波斯語德語等格例法的比較一論文，創設比較言語學。

後來印度最古文學的吠陀（Veda），給歐洲學界知道，而比較神話學，却靠着昆氏（Adalbert Kuhn）和繆勒（Max Müller）建設成功了。

藉着研究比較言語學、比較神話學、人類學、考古學等諸學者的努力，證明印度雅利安人所使用的梵語和俗語，是和歐洲白人的用語同根。

包含這些東西諸語的語族，叫作印度歐羅巴語（Indo-European Language）或印度日耳曼語。屬於這語族的姊妹語，原僅八種，近來因爲加上高爾基語羣（the Galchic group），和亞美尼語（Armenian）從伊蘭語中分離獨立，所以增加到十系之多。這十大姊妹語的名稱如下：

（A）印度支系（Indic branch）

（B）伊蘭支系（Iranic branch）

(C)高爾基支系(Galchic branch)

(D)亞美尼支系(Armenic branch)

(E)希臘支系(Hellenic branch)

(F)意大利支系(Italic branch)

(G)克勒特支系(Keltic branch)

(H)立陶宛支系(Lithuanic branch)

(I)斯拉夫支系(Slavic branch)

(J)條頓支系(Teutonic branch)

以上十大姊妹語的前四支系屬於亞細亞系統，後面的六支系屬於歐羅巴系統，兩者都是從現在不存在的一個母語（根語）中派生出來的。把印度支系和伊蘭支系合稱作印度伊蘭語（Indo-Iranian）或雅利安語（Āryan），在今日使用印度歐羅巴語的人種很多。然而用語的同系，決不能證明人種是同一血統。

不過吾人所可肯定的，把諸語分布到東西各地的最初人類，的確是從共同住地出發的同血統種族。在它們的子孫中間，往往和其他蠻族雜婚而失掉純正的血統的。

使用印度歐羅巴語族根本語的共同遠祖，究竟居住何地這個問題，是十九世紀之初以來，歐洲學者一再討論的大問題。

據繆勒和不克特（A. Pictet）、許萊赫（A. Schleicher）諸學者的主張，說它的原住地是亞細亞。而拉當（Latham）、輝特尼（Whitney）、賓淮（Benfey）諸人說它的鄉土是歐羅巴，就是這歐洲本原說，裏還有北方歐羅巴、南方俄羅斯等等的異說。

許多學者都採亞細亞本原說，那麼其地域應當認定在中央亞細亞的何處呢？

東洋研究者中的某學者，曾推定其地點是圍着阿母河（Amu Darya）一名奧克薩斯河（Oxus）水源的高地。這高地位於喜馬拉雅連山和與都庫什山脈（Hindū Kūsh）連結地點的北方，其最高部分，便是叫作帕米爾（Pamir）高原。

不問是奧克薩斯或是布哈拉市（Bokhara），都是接近這高原的，包含巴克特里亞（Bactria

or Balkh）和索格的安那（Sogdiana）兩地。這處縱非印度歐羅巴民族的原住地，也能相信是最古住地之一。按巴克特里亞地方這民族的舊址長亙二十哩。

據元朝祕史所記，阿母河作阿梅河，波斯學者稱作奧克薩斯河，發源於中央亞細亞的高原，流向西北，注入花剌子模海（Aral）。佛典上指這河是梵語的縛芻河（Vakshu）。

為敍述便利計，把這原住地上所經營的團體生活和農業牧畜之最古時代，稱作印度歐羅巴時代或原住地時代。

然而因為生活困難或其他原因，這共住的人種，便開始向東西移動；其時大約在紀元前數千年的往昔。其中向歐洲的，叫作西北派，移往亞細亞東南部的，叫作東南派。東南派的一集團，從原住地出發後，通過奧克薩斯河和查克薩提河（Jaxartes）的中間，突破興都庫什山脈的西路，暫住在平原上。這時代因為印度人和伊蘭人還沒分家，所以史家稱之為印度伊蘭時代（Indo-Iranian Period）或伊蘭印度時代（Irano—Indian Period）。然而到了某一時期，這一集團的民族，分裂為兩派；一派入伊蘭（Iran）高原，產生波斯文明；一派入印度半島西北部的五河地方（Panjab），開拓印度文明、吾人稱入印度的一派爲印度雅利安人；入波斯的一派，爲伊蘭雅利安人（Irano-Āryans）。而印度雅利安人又有興都雅利安人（Hindū-Āryans）的古名。

這樣看來，印度文化史近則經過印度波斯時代，遠則經過印度歐羅巴時代，這是不能忽視的。印度波斯時代的文化，根據印度最古文學梨俱吠陀（Rig Veda）和波斯最古文學聖阿韋斯他（Zand Avesta）的比較研究，便能彷彿出來。又印度歐羅巴時代的文化，根據比較言語學、比較神話學、考古學、人類學等的力量，也能推測其萬一。

於上述諸民族之外，在有史以後，移住印度的，計有塞種、大月氏族、白匈奴族、阿剌伯人、猶太人、波斯人、歐洲人等。然而除去信奉回教的阿剌伯人和信奉基督教的歐洲人之外，其餘塞種以及大月氏族等，都被印度雅利安文化同化了。又開拓印度文化的印度雅利安民族，因爲同非雅利安民族雜婚的結果，在血統上，有被非雅利安民族征服之慨。

〔備考書目〕

(1) Vincent A. Smith: The Oxford Student History of India, 1915.

(2) A. Pictet: Les Origines Indo-Européennes ou les Aryas Primitives, Paris, 1859.

(3) August Schleicher: Compendium der vergleichenden Grammatik der Indo-Germmanischen Sprachen, Weimar, 1866.

(4) James Prinsep: Essays on Indian Antiquities, 2 volumes, London, 1858.

(5) Outlines of Primitive Belief among the Indo-European Races, 1882.

(6) A. H. Keane: Ethnology, Cambridge, 1896.

第三章　印度文化史的區分

印度雅利安人孤立在印度半島內，開發它獨特的文化，到了紀元前四世紀末葉希臘人侵入之時，印度文化已經發達完成，普及到一般民間了。

世界任何國家，沒有像印度那樣感受他民族侵入之劇烈的。天產物豐富的印度，不斷的被他民族侵過。遠着相傳紀元前二千三十四年，尼尼微的塞剌密斯（Semiramis）曾侵入印度的西北部。又傳埃及的拉美斯二世（Rameses II）也在紀元前九百八十一年侵入印度。據史册所載：紀元前六百年的波斯達理阿王（Darius），紀元前三百二十七年的馬其頓（Macedonia）亞歷山大王，都曾侵入印度。便是在紀元後七百十一年，阿剌伯的開西謨（Kasim），九百八十七年，嘎吉尼（Ghazni）的舍布克底根王（Sabuktigin），一千二十一年，同嘎吉尼的馬穆德王（Mahmūd），一千五百二十六年，蒙古王巴布爾（Bābur）都侵入過的。其後有阿富汗人（Afghans）侵入，等到喜望角航路發見之後，復有歐洲諸民族渡來。除此以外，還有幾多人種侵入印度。

然而印度雅利安民族的生活以及文化，並未受到這些侵入者的任何妨礙與變革，一直繼續到英屬時代的今日。世界上能够保持數千年獨特之文化的，恐怕祇有印度和中國了。

印度文化，連續三千餘年之久。按現代印度所存的言語、文學、宗教、儀禮、習俗等的起源，都能追溯到數千年前的往昔。經這樣長期的印度文化史要想確實的區分它，一般學者都認爲是極難的事業。在印度及歐美的許多學者，把發生於印度的諸宗教作標準來區分印度文化史。有時還利用宗教的聖典作區分的標準。這些學者所試行的印度史區分法，互有長短。現在姑示先人試行的區分法數例於下：

蒙尼爾威廉斯（Sir Monier Monier-Williams）在它婆羅門教及印度教（Brāhmanism and Hinduism）的著作裏，把印度雅利安民族的信仰變遷作基準區別爲吠陀教（Vedism）婆羅門教印度教等三個時期。

道生（Paul Deussen）在它哲學通史（Allgemeine Geschichte der Philosophie）一書裏，

把印度哲學的時期，三分如左：

第一　讚誦時代（Hymnenzeit）

第二　婆羅門文學時代（Brāhmanazeit）

第三　梵語時代（Sanskritzeit）

又拔特（A. Barth）在它印度諸教（The Religions of India. Authorized translation by J. Wood, Third edition, 1891）的著書裏，區分如下的五期：

第一　吠陀教時代

第二　婆羅門教時代

第三　佛教時代

第四　耆那教時代

第五　印度教時代

其次，舉述與上近似的勒朋（Le Bon）的區分：

第一　吠陀時代(the Vedie Period)

第二　婆羅門教時代(the Brāhmanical Period)

第三　佛教時代(the Buddhist Period)

第四　婆羅門教復興時代(the Period of the revival of Brāhmanism)或新婆羅門教時代(the neo-Brāhmanic Period)

第五　回教時代(the Mohammedan Period)

第六　歐羅巴時代(the European Period)

又印度學者杜特(Romesh Chunder Dutt)在它古代印度文明史(A History of Civilization in Ancient India, Calcutta, 1891.)一書裏區分爲次。這是許多後學所依從的區分法：

第一　吠陀時代（自紀元前二千年至同一千四百年）

第二　史詩時代（自紀元前一千四百年至同一千年）

第三　哲學的或究理的時代（自紀元前一千年至紀元後五百年）

第四　佛教時代（自紀元前二百四十二年至紀元後五百年）

第五　富蘭那（Purāṇa）文學時代（自紀元後五百年至一千一百九十四年）

馬克多那爾（Arthur A. Macdonell）在梵文學史（A History of Sanskrit Literature, 1900），一書裏區分古代印度文學的歷史爲兩大時期；前期自紀元前一千五百年至同二百年，後期自紀元前二百年至紀元後一千年的回教徒侵入爲止。就嚴密的意義說，後期是梵語時代，若是依從陸續使用梵語作註解用語的見解說，也可認爲直到現時爲止。

關於印度文化的歷史，起於吠陀時代，即所謂讚誦時代的問題，任何人都無異論。不過對於吠陀時代起於紀元前何年，學者却無定論，例如雅各脾（Jacobi）從天文學上計算，說吠陀時代可溯及紀元前四千年的太古。又如豪格（Houg）認定吠陀時代發生於紀元前二千四百年和同二千年之間。其他許多學者，大都採用紀元前二千年說。繆勒把印度最古文學四吠陀之一的梨俱吠陀中的古聖歌，認爲紀元前一千二百年前後所作。在這吠陀內，包含新舊各時代所作的聖歌。馬克多那爾以爲這吠陀是搜集紀元前一千三百年至同一千年的三世紀的聖歌；而在紀元前一千五百年時，印度雅利安人移住印度西北部的。又有某學者說這吠陀中的最古聖歌，推定製作於紀元前一千二百年至同一千年之間的。另有一說，把這吠陀的製作年代，定在紀元前一千五百年至一千二百年之間。現在綜合諸家的異說，下一公平的判斷，推定印度文化的最初期在紀元前一千五百年前後。關於從紀元前一千五百年迄至現時的三千五百年的印度文化史，著者試行區分如次。

考察印度的文化史，應當把它分成印度人的印度時代和外國人的印度時代。所謂印度人的印度時代，是從紀元前一千五百年到紀元後一千一百九十三年。按紀元後一千一百九十三年，便是回曆的五百八十九年，這是回教王摩哈默德·葛禮（Muhammad Ghori）征服痕都斯坦之年。從這年之後，叫作外國人的印度時代了。

區分印度人的印度時代如次：

第一　吠陀時代（從紀元前一千五百年到同八百年）

（A）　最古讚誦製作時代（從紀元前一千五百年到同一千年）

（B）四吠陀編集時代（從紀元前一千年到同八百年）

第二　婆羅門教組成時代（從紀元前八百年到同二百年）

（A）婆羅門文學時代或儀式的婆羅門教時代（從紀元前八百年到同六百年）

（B）最古優婆尼沙曇（Upanishad）文學時代或哲學的婆羅門教時代（紀元前六百年前後）

（C）修多羅（Sutra）文學時代或教學興起時代（從紀元前六百年到同二百年）

第三　佛教隆盛時代（從紀元前二百年到紀元後五百年）

第四　婆羅門教復興時代或印度教興起時代（從紀元後五百年到一千一百九十三年），

其次區分外國人的印度時代如下：

第一　印度教分派時代（自一千一百九十三年至一千五百二十六年）

第二　大蒙古帝國時代（自一千五百二十六年至一千七百六十一年）

第三　東印度公司時代（自千七百六十一年至一千八百五十八年）

第四　英國皇帝直轄時代（一千八百五十八年以降）

大略區分之如右，茲就其中印度人的印度時代，即所謂古代印度文化的發達略述之。

〔備考書目〕

（1） Shrī Ānanda Ācharya: Brahmadarsanam or Intuition of the Absolute, London, 1917.

（2） Vincent A. Smith: The Oxford Student History of India, Oxford, 1915.

第四章　印度文化的實相

印度是不可解的神祕之邦。古代文學中所剩晝的印度，那是幽玄微妙的哲學、宗教、道德的發祥地，眞是凌駕希臘羅馬等古代文化的先進國。然而我們看到現時當面的印度，却是迷信、虛僞、肉樂所蔽的暗黑穢土。

又在興起的幾多哲學、宗教，競妍爭美，如梵教（Vedānta）大乘佛教（Mahāyāna）等幽妙唯心哲學流布的古代，一方復併存着極端的懷疑主義，肉欲主義，唯物主義等順世外道（Lokāyata）的邪惡思想。縱然同在印度宗教的圈內，一方復有重視苦行的苦行派，他方復有耽溺於放蕩的行樂派。因爲這種關係，研究印度的人們，一定要發生『印度文化是靈智本位乎？抑物質本位乎？』的大疑問。

在印度和歐美諸學者論述印度的歷史、哲學、科學、文學、美術、工藝、以及產業等的時候，一定是選擇吠陀教、婆羅門教、印度教、佛教、耆那教等印度各教系的某者，來區劃印度文化發展的各時期。印度是一般的信條（creeds）、教義（dogmas）、祭儀（rituals）的國家，已是全世界周知的事實了。

例如研究印度歷史的專家斯密氏（Vincent A. Smith），在它名著印度初期歷史（Early History of India）的終末說：『印度歷史中最要的部門，是它思想的歷史』而承認思索、思想、形而上學、神秘主義等記錄，佔了印度歷史的主要部分。

又如印度詩聖泰戈爾（Rabindranāth Tāgore）在它講演和論文人靈對於神靈的憧憬裏：力言這是印度魂的主要分子。

印度碩學旃陀羅星（Dines Chandra Sen）在所著孟加拉的言語及文學的歷史（History of Bengali Language and Literature）裏，在論述亘及一千年的孟加拉文學之發達時，也是着眼在諸神及諸教間所起霸權爭奪的一點上。

上述各家，都是認定印度文化是靈智本位和理想主義的。其他現代印度的碩學，如 Ānanda

K. Eoomārawāsmy 論斷瑜伽（yoga 卽禪定三昧）是流貫印度之彫刻繪畫的根本精神。

現代印度哲人阿難陀・阿闍梨 (Shri Ānanda Acharya) 一千九百十五年初春，在北歐挪威基利斯當尼亞市 (Kristiania) 宣講印度哲學，於自著梵見卽絕對的直觀一題之下說：『可以正式承認印度是哲學和宗教的鄉土。從太古以來的印度思想家便在哲學基礎上建設宗教，在宗教基礎上建設社會，這是必然所痛感的。』又說：『歐洲人研究哲學愛好思索的偏向，決非民衆的公有物。然而在印度的哲學却和吾人呼吸空氣及口中食物相同，因爲是生活上的必要物，所以不是獨佔在好奇家以及學究的教授之手裏。』

以印度文化立脚於哲學宗教的神本主義的見解，如上所述，爲幾多碩學之士所採用。然而他方，卻有與之反對而以印度文化立於人的本位之人本主義 (humanism) 上的，這印度的人本主義，和近代西歐的相同，如印度學者薩克爾博士 (Benoy Kumar Sarkar)，以爲這是向八方的人性發展主義 (secularism) 或實證主義 (positivism) 的一種表現。博士於一千九百十六年刊行印度文學的戀愛 (Love in Hindu Literature) 中，論云：佔居印度人本主義的大部分的，是關係性的事項所以性（sex）的要素，是印度文化中的重要成分；並且引用古今文學證明性是印度文學和藝術中的重要主題。

如薩克爾所說，性是印度文藝中主題之一，換句話說，性在印度宗教教義和實踐等的構成上，無疑地佔着有力的一位。

上述對於印度文化的兩種異解，都祇捉到半面的眞理；事實上，印度文化是綜合包容神本主義和人本主義的。印度文化的研究者，常常須牢記着印度文化的複雜性，才不致有誤。

爲欲實地理解某民族的文化，須觀察彼等之多數或其代表的階級係抱如何之理想與欲求，其獲得之，係用如何之努力與方法，這是很切要的。

人類都是懷着無量無邊的欲望的。印度文化生產者的印度雅利安民族，從這些無量無邊的欲求對象中，能夠指定欲樂（kāma）、資財（artha）、人道（dharma）、解脫（moksha）等四者作它最根本的對象，現在總括名之曰四寶（chatur-bhadra）。

第一欲樂，廣義是人生一切的快樂，狹義是指快樂中主要的愛欲和性欲。印度的聖哲，十分承認『性的尊嚴』（the dignity of sex），並且理解種的保存是一切生物普通的根本欲求。印度的聖哲允許民衆合理的享樂，在一夫一妻的道德律下所行的性欲滿足認是正婬。換句話說，在孔子所謂『樂而不淫』的程度上享樂，印度的聖哲決不視爲罪惡的。便是釋尊對於比丘、比丘尼所立的不婬戒法，也准許世俗男女享受正婬而禁止邪淫。像薩克爾所說，戀愛是印度文藝中的重要主題，並且是十大情味（rasa）唯一重視的。印度古哲指定學徒應當研究的三十二明（vidyā），便是學科之一，稱作愛欲論（kāma-shāstra）的性欲戀愛學；再看到印度醫方八分科中，設有強精藥科（vajikaranatantra），也可察知印度雅利安民族沒有拒絕合理的享樂的。

第二資財，意思是藉着正當手段所獲得的資財什物。既然認定保存自己的生命和保種是相同的根本欲求，那末對於維持生命所需衣食住等一切財物，自然也認爲極有尊嚴的意義了。這樣看來，藉着正當而經濟的努力以生活，此爲正命，卽正的生活法，是印度諸宗教允許俗人的。反過來說，積聚不正當的財富，或是貪婪不義的榮華等，便是沒却資財本義的邪惡生活法，印度諸宗教名之曰邪命，是屬於嚴禁之列的。古代印度的三十二學中，有資財論（arthashāstra）便是經濟學，不外教示正當的貨殖方法。古代印度的經濟產業之發達，實在吾人想像以上。即從這點上考察，可知印度雅利安人不是把現實生活附之等閑的。

第三人道，即所謂達磨，廣義是正義善業，狹義是神授律法中所規定各階級的本務；中國人把佛典裏人生四寶之一的梵語達磨，譯作藝業。印度社會裏儼存着從古而來的婆羅門(Brahmana)、剎帝利（Kahatriya）、吠舍（Vaishya）、戍達羅（Shūdra）四種姓的階級（varna）制度；並且把各階級應實行的本務，確定爲藝業。

所謂婆羅門族，是專掌哲學、宗教、學藝等精神方面的最高階級。所謂剎帝利族，是專掌政治、軍事方面的王士階級，佔居四階級中的第二位。所謂吠舍族，是經營農商業的第三種階級。所謂戍達羅族，是供給上記三階級驅使的奴隸階級。嚴定這四階級的本務、藝業，重要在欲樂、貲財之上，所以把它列入人生的四寶中。印度的階級制度、倫理思想、法制等，所以能够做到特殊的發達，應當認爲尊重達磨的結果。

以上所舉述的欲樂、貲財、本務等三者，因係現實生活上所必需的，所以不能不認它是世間的，或第二義的價值。古代印度人尊重這三者的情形，只要根據犢子（Vātsyāyana）所作欲樂經（Kāma-shāstra）卷首所載：『歸敬本務和資財和欲樂，因爲那是當經之因；又歸敬這獲得眞理的諸智者，因爲那是其緣。創造神梵天王造化人類之後，最初以十萬章宣講這三力的意義。梵天王之子摩㝹，關於他一部分的本務另說，財產階級關於資財另說，濕婆神的眷屬難弟，以一千章細說關於欲樂的眞理。』便能明瞭了。以上三者，是凡俗所希望的價值。然而此外還有叫做解脫的，是出世間的含有第一義的最高價値。所謂解脫，便是吾人的靈魂，得證最高眞理，從一切不完全中解放出來，在生理上、道德上、智力上、靈性上、獲得絕對的自由和完全，是理想的狀態，最高的意義，便是人格的完成，神性佛性的開發，境地的實現。若用基督教的言語來表示，即我等的靈魂，和上帝同樣，圓成完全、睿智、神性的狀態。這種解脫，在印度是哲學的思索之理想，爲宗教的修養目標。古代印度的聖哲，將如何實現解脫，爲人生無上之目的，彼唱道的哲學與宗教，無一非對於解脫的教義與實踐而力說的。因爲這個緣故，印度聖訓是：『大海水波，有同一之味，即鹹味是也。一切教學，有唯一之的，即解脫是也。』人生所求的四寶中，苟以解脫爲最高一點，那末印度文化，是以解脫和其實現法，即禪定、內觀，作爲中軸而發展的。印度文化所以帶着濃密的哲學和宗教之色彩，便是因爲這個理由。對於解脫問題，印度各教的解決卻不一律。依印度唯心哲學之精華的梵教及大乘佛教所說，解脫不外是將眞我(Ātman)或佛性，直觀吾人心源中內在的大靈而悟入神人不二的境地之狀態。這樣看來，如若用大乘佛教的學語詮釋起來，凡是開顯本具的佛性，到達佛果的便是解脫；若是用梵教的術語來表明，凡是體得『我卽梵』(Aham brahana asmi)『彼卽汝』(Tat tvam asi)的妙理，獲得梵我一如(Brahma-ātma-aikyam)神人不二的靈覺的，便是解脫。

解脫從二千五六百年以前的往昔，已成印度聖哲所欣求的最高理想。在總稱優婆尼沙曇古代印度宗教的文學之一裏，記載對於解脫告白痛切的欲求，其聖句如下：

『願我從妄有到眞有(Asato mā sad-gamaya)

願我從盲冥到慧光(Tamaso mā jyotir-gamaya)

願我從死滅到不死』(Mrityor mā amritum-gamaya)

所謂妄有、盲冥、死滅的狀態，那是不完全的現實生活之意；而眞有、慧光、不死的狀態，那是表示完全的理想生活，換句話說便是解脫。就是在佛教以前，像闍那伽大王（Janaka）的聖主，婆羅門哲人，Yājnavalkya 大仙 Maitreyi 大夫人 Gārgi 大姉等女性，以及娼婦的私生兒 Satyakāma 之爲賤民等，都是思惟大我的哲理，欣求解脫生活的。印度所以能够產生世界無比類的精神文明，是因爲古代印度的貴賤男女，皆能沒頭探求眞理的結果。古代印度雅利安民族，爲了獲得人生的四寳，把一生分作四段修養期（Āshrama），遵奉嚴正的規矩，努力精神的修練。除去第四階級戍達羅之外，上位三階級的男子，皆有經歷這四種修養期的特權。所謂四修養期，第一是梵志期，第二是居家期，第三是住林期，第四是比丘期。所謂第一的梵志期，是未婚男子成爲梵志（brahmachārin）即吠陀聖典的學徒，寄宿在教師（guru）經營的學舍（gurukula）內，這是學生期。進入這種生活之際，舉行親近受學式（upanayaru）的莊嚴入學典禮。婆羅門族的男子到八歲，刹帝利族的男子到十一歲，吠舍族的男子到十二歲，皆受這神聖的禮，以後便和教師寢食相共，專心學習了。

進入梵志生活的學徒，身穿聖紐，日日誦習吠陀經，勤於沐浴，供獻物品于諸神、古聖、祖先的尊靈前，還應當焚神木燃聖火。梵志生活的年限，自十二年、二十四年、三十六年至四十八年，任意選擇一種。在這短期的十年前後，長期的二三十年之間，受到師父的慈教後，方歸自宅，便進入第二的居家期了。這便是梵志期終了後，還歸自家舉行結婚式，以家主(grihastha)的地位，完成對於祖先或社會的本務生活。然而常有不婚的老梵志，而終於此世的。所謂第三的住林期，是對俗界終了本務的家主，隱棲森林，耽於苦行冥想的生活中。至於第四期的比丘期，是體驗眞理，成就解脫的聖哲，以比丘(bhikshu)卽乞人的地位，行脚教化於四方爲生活。比丘又有普行 (parivrājaka) 道士 (sannyāsin) 諸名稱。印度的哲學、宗教、道德，便是這些住林哲學者所發見的眞理。若說印度的精神文化，是發生於森林中的，也決非虛妄。

以上所述的四修養期，又叫作四住期或四居期。古代印度人於長久的人生航程中，經歷欲樂、資財本務等中間諸過程，然後努力想到最後目的地所謂解脫的理想境。欲樂、資財、本務等，雖爲到達解脫的階梯而有其價値，然使停滯不進，便沒有到達解脫的可能了。

在大方廣佛華嚴經卷第十二（罽賓國三藏般若譯）入不可思議解脫境界普賢行願品中，記述印度四階級、四寶、和四住期的情形如下：

『仁者當知，人有四姓：一婆羅門種，多修口業；二刹帝利種，多修手業；三吠舍種，多修田業；四戍達羅種，修馳逐業。其餘雜類，旃陀羅等，皆多修習惡律儀業。然此四姓，及餘雜類，業習不同，居處亦異。從少至老，所務雖殊，皆崇四事。云何爲四？一修持藝業；二營辦資財；三共受欲樂；四各求解脫。言藝業者，並從髫齒以至壯年，各於其倫習學其事。若婆羅門，修智慧，圖書印記，緯候陰陽，身相吉凶，圍陀典籍。刹帝利種，增修射御，政在養人，功在禁暴，絃歌悅衆，征罰不庭。吠舍田業，播種耕耘，糧聚倉儲，人天國本。戍達羅種，通商有無，興販往來，務滋貨殖。言營財者，業藝既成，咸務自事，各於其黨，競構資生。言受樂者，既豐財利，卜定厥居，婚樂宴遊，恣娛聲色。言解脫者，要言二類：一婆羅門刹利王種，髮既斑白，年踰五十，力邁色衰，厭世求道，情深出要，咸謂眞修。所習既殊，師承自異，九十六種，各業本宗，或求生天，或計解脫。二者釋種，如來弟子，三乘學人，服甘露味，修習慈悲，利益羣品。如是種種，邪宗正宗，在家出家，精心道檢，皆依王國，而得住持，並因我王演化流布。』

右明示四住期之組織，可知古代印度人把現實生活，作爲到達理想生活的過程，而十分認識其意義和價值。但是像釋迦那樣徹底的理想主義者，以四住期生活，爲微溫的修道法，認定人生唯一的目的，在向着解脫涅槃而欲爲精進的比丘生活。印度民族在堅實追求人生四寶之時，印度文化精神物質兩方面共發達到善美的狀態。然彼等對於解脫的欣求與憧憬的道念，未免微弱，專耽於欲樂之結果，使精神的文化，早陷於埋沒之悲境；卽物質的文化，亦因失掉所依的精神文化，而沈於崩壞的運命了。據吾人的觀察，古代印度文化，既非唯心的，也非唯物的，以靈肉雙美爲目標而發達者。然則印度不僅是看做靈的國，也不可僅看做肉的國，因爲這樣看法，是不能見着印度文化的全豹。

〔備考書目〕

(1) Benoy Kumar Sarkar: Love in Hindu Literature, Tokyo, 1916.

(2) Shrī Ānanda Ācharya: Brahmadarsanam or Intuition of the Absolute, London. 1917.

(3) Ānanda K. Coomāraswāmy: Arts and Crafts of India and Ceylon, London and Edinburgh, 1913.

第五章 印度古代學藝的發達

因爲想理解古代印度文化如何複雜，如何優越，所以必要研究當時學藝發達的狀態。產生印度文化的印度雅利安民族，在古代文化民族中，佔着最優秀的地位。在精神生活，社會生活，政治生活各方面是歐洲民族的先輩。其文化，是代表東方古代文化，這事只要一瞥印度古代學藝的發達，便能明了。

印度古代文化，在一切方面，都達到高度的發達，尤其是哲學宗教，道德的部門中，凌駕他國的地方很多値得吾人驚嘆。

在成於佛教以前的婆羅門教聖典百步祭書（Shatapatha-brāhmans）裏，列舉當時所有聖典和學藝的名目。這書有兩種傳本，其中一種馬的揚蒂那派傳本（Madhyandina recension），分爲十四部，在第十一部中，列數梨俱吠陀（Rig-veda）耶柔吠陀（Yajur-veda）沙摩吠陀（Sāma-

Veda）阿闥婆鴦耆羅僧族（Atharvangiras）聖典，諸教說（anushāsana）諸明卽學（Vidyā）論議（Vākovākya）古譚（itihāsa）史話（purāna）諸頌德表（nārāshansī）諸偈頌（gāthā），用爲學徒所誦習（svadhyāya）卽研究的題目。又在佛教以前梵文學之一的泰梯理耶森書（Taittirīya-āranyaka）第二章內，也列舉阿闥婆鴦耆羅僧族，聖典，諸祭書（Brahmana）古譚，史話，諸儀軌（kalpa）諸偈頌（Gāthā）諸頌德表，爲研究題目。這些題目，混在祭書中，附帶種種部分的名稱，到了後世，便發展而成文學的諸分支了。百步祭書中所舉述的研究題目中，所謂諸教說，若依註釋家薩耶那（Sāyana）之說，似乎含有關於儀式的教規（ritual precept）之意義，但是依照其他文獻，是指靈智的教義（spiritual doctrine）而言。至於阿闥婆鴦耆羅僧族聖典，那是阿闥婆吠陀的別名。總括梨俱耶柔娑摩阿闥婆等四者，稱四吠陀聖典。所謂論議的一名目，在百步祭書第七部中，亦曾見及，是問答（disputation, speech and reply）的意思。所謂古譚，便是傳說（tradition）故事（traditional accounts of former events）英雄譚（heroic history）等的總稱；後來集合起來，叫作大史詩，產生一羣文學。所謂史話，那是關於天地開闢（cosmogonies）

等的古傳說，後來集成十八史話和十八續史話。

明字意義是知識，即學字意。頌德表是贊美偉人的說話。偈頌是韻文。

附在諸祭書後的優婆尼沙曇，即所謂祕書，是哲學的婆羅門教之教典，其中出於佛教以前的波利訶多羅尼耶迦祕書（Brihadaranyaka-Upanishad）和闡陀吉耶祕書（Chhāndogya）等記述當時諸方面的學藝，已經發達而分科了。在前一祕書中，（II 4, 10.）其記事如下：

『Maitreyi 之女乎！以霑濕之薪燃火，則煙自生。我等之所有亦然，梨俱吠陀耶柔吠陀娑磨吠陀，阿闥婆鴦耆羅僧族聖典古譚，史話，諸明，諸祕書，諸頌（shloka），諸經書（sūtra），諸解說（anuvyākhyāna），諸註釋（Vyakhyāna），皆從一個大實在而出生。』

右文中列記吠陀學徒學習之題目，照商羯羅（Shankara）和 Dvivedaganga 等註釋家所指示，不過是諸祭書中各種的部分。

再闡陀吉耶祕書（VII, 1. 2.）的記述如次：

『那羅陀仙（Nārada）曰爾我深通梨俱吠陀耶柔吠陀娑摩吠陀及第四之阿闥婆僧族聖

典 (Ātharvana) 第五之古譚史話及其他諸吠陀之吠陀，祭祖法，數學，占相學，年代學，論議法，處世學，靈學，梵學，鬼學，武器學，宿曜學，蛇學，仙學等一切諸學。』

右文所舉是二千數百年前印度已有的聖典和聖學。依照現今印度大哲商羯羅的解釋，說明右舉諸學。

所舉四吠陀之次的古譚史話 (Itihasā-purāna) 據商羯羅意見，是指大史詩摩訶婆羅多 (Mahābhārata)。所謂諸吠陀的吠陀，乃吠陀之文典。祭祖法 (Pitrya the rules for the sacrifices for ancestors) 是供養祖靈 (Pitri) 的祭法。數學 (Rāshi, the science of number) 占相學 (Daiva, the science of portents) 等，如其名稱所示。年代學 (Nidhi, the science of chronology) 是關於時的學 (the science of time)，亦有人譯作曆學的。論議學 (Vākovākya) 是問答學，可說是一種論理學。處世學 (Ekāyana) 若直譯起來，便是一行學。因爲這是教役行爲的唯一方法，所以也可譯作處世學、倫理學、世才學等。所謂靈學 (Deva-vidyā divine science)，據商羯羅解釋，爲尼祿多論 (Nirukta etymology)，便是吠陀研究六學之一的語源學，日本學者也有譯作神學的。總之，古學的名目，不易判斷其當否。所謂梵學（Brakma-vidya），是吠陀研究六學中的式叉論（shikshā）刧波論（kalpa）闡陀論（chhandas）等三學之總稱。式叉論是聲音學，刧波論是祭祀學，闡陀論是詩形學（Prosody）。鬼學（Bhūta-vidyā，the science of demons）是關於鬼神、惡靈之學。武器學（Kshatra-vidyā，the science of weapons）是王士階級（Kshatriya）專有的戰學。宿曜學（Nakshatra-vidyā）是星辰學或天文學。蛇學（Sarpa-vidyā，the science of serpents or poisons）是關於諸蛇以及蛇毒之學。仙學（Devajana-vidyā，the science of the ganii）是舞踊，唱歌，演劇，製香等的美術和工藝。

以上所述印度古學的釋名，大體上是依照商羯羅的，不過就是它自己，也沒有固定的見解。關於這類科學，若能參照科爾布魯克（Henry Thomas Colebrooke，1765—1837）的雜說集（Miscellaneous Essays，II，P. 10），當較有益。

印度在佛教以前，已有幾多學藝存在，前面業經敍及。不過當時似乎還沒有使用文字，所以這些學藝，大概是靠口傳（oral tradition）而師資相承的。其後隨着印度的發達，和印度文化的向上，於是發生幾多新的學藝。古代印度人，稱學或關於學的著述爲論（Shāstra）。有時更以明(Vidyā)的名稱，來代替論字。所謂明，便是知識，學問，學術，哲學等的意味。

明（卽學）的數目，古代印度人所舉，有四明，五明，十四明，十八明，三十二明等等。所謂四明，便是下列的四學：

第一明　三部聖學（trayī）

第二明　辯證究理學(ānvikshikī)

第三明　統治學(danda-nīti)

第四明　實學(vārttā)

第一的三部聖學，是關於四吠陀中的梨俱，娑摩，耶柔三吠陀（the triple Veda)的研究。梨俱吠陀是讚誦的集錄，耶柔吠陀是祭儀的聖典，娑摩吠陀是歌詠的教典，所以讚誦，行祭式，唱聖歌，是叫作三明（trayī vidyā），這便是三部聖學（the triple sacred science)。

第二的辯證究理學，是包括論理學和形而上學的學。這名稱，見於摩訶婆羅多摩毱法論(Mānava-dharma-shastra）喬答摩法論（Gautama-dharma-shastra）等書。

第三的統治學是統治（government）或裁判（judicature）之學，在摩訶婆羅多摩衆法論等之內，也有這名目。

第四的實學是關於農耕，牧畜買賣，醫學等生業的實藝（practical arts）。又在摩衆法典（VII 43.）中，於前述四明之外，加上第五的我明（Ātma-Vidyā），成爲五明；至其學習，有以下的規定：『凡是通達三吠陀的學者，應當學習三部聖學，統治原理，辯證究理學，及眞我之知識；至於人民，應當學習商業及專門的職業』

印度的某註釋者，解說辯證究理學是獲得解脫所必要的數論學派（Sānkhya）和正理學派（Nyāya）等。

所謂我明，是關於靈魂，眞我（Atman）的學業。關於這五明的解說，可參攷喬答摩法論（XI, 3.）和演若婆佉法論（Yājnavalkīya-dharma-shāstra, I. 310）。

又在佛教中，有和前述相異的五明，叫作五明處（Pancha vidyā-sthānāni）或單稱五明。

佛教中的菩薩，是一定要通這五明處的。在持地論佛典裏說：『菩薩法，當於何求，當於一切五明處求。』大般若經說『五地菩薩覺五明。』又當形容博學的僧侶時也很多特記通達五明之例。在翻譯名義集裏載着『解通三藏慧貫五明。』佛教的五明處名目如下：

一、聲明 (Shabdavidyā)

二、因明 (Hetuvidā)

三、內明 (Adhyātmavidyā)

四、醫方明 (Chikitsāvidyā)

五、工巧明 (Shilpakarmasthānavidyā)

前述中第一的聲明譯作梵語的攝陀苾馱 (Shabdavidyā)，佛典裏亦名聲明論 (Shabda-vidyā-shāstra)。這是究明言辭和音韻之學 (the science of sounds or words)。據翻譯名義集載：『攝陀苾馱此云聲明。』大智度論載：『五明者，一者聲明，釋詁訓辭，詮目流別。』要之，聲明是聲字音韻之學；修辭博言之術，和今日文法學或言語學相近似。

在後世的漢和佛教裏，也有把梵唄卽佛教聲樂叫作聲明的，或名曰魚山流的聲明。

第二的因明意卽關於因的學（the science of causes），普通叫作論理學或辯證法。在佛典裏，也有稱它爲因明論（Hetu-vidyā-shāstra）或因論（Hetu-vidyā）。

第三內明的意義是關於眞我卽大我的知識，亦名內智（Adhyātmajnāna），佛教徒把它所傳的佛教，名曰內明。

第四的醫方明，是指醫學的應用和學理，不外是醫療學。

第五的工巧明，是美術或手藝之學（the science of arts or mechanice），和出於印度文學的工巧論（Shilpa-shāstra-vidyā），屬同一學業。

下記的雖然不見得十分正確，但這是佛教關於五明的解說，姑揭之於下：

△大明三藏法數　上天竺住持沙門一如等奉敕集註卷第二十四　五明　出華嚴經疏鈔

〔一聲明〕　聲卽聲教，明卽明了，謂世間文章算數建立之法，皆悉明了通達，故曰聲明。

〔二因明〕　因卽萬法生起之因，謂世間種種言論及圖書印璽，地水火風萬物之因，皆悉明了通達，故曰因明。

〔三醫方明〕　醫方卽醫治之方法也。謂世間種種病患，或癲癇蠱毒，四大不調，鬼神呪詛，寒熱諸病，皆悉曉了其因，通達對治，故曰醫方明。（四大者，地大，水大，火大，風大也。）

〔四工巧明〕　工卽工業，巧卽巧妙。謂世間文詞讚詠，乃至營造城邑，農田商賈，種種音樂，卜算天文地理，乃至一切工業巧妙，皆悉明了通達，故曰工巧明。

〔五內明〕　內卽佛教內教也。謂以持戒治破戒，以禪定治散亂，以智慧治愚癡，乃至種種，染淨邪正，生死涅槃，對治之法，皆悉明了通達，故曰內明。（梵語涅槃，華言滅度。）

上文中關於因明的說明，完全錯誤。

唐代玄奘三藏在它大唐西域記卷第二裏，記載其學習佛教徒的五明大論和婆羅門的四吠陀於下：

『七歲之後，漸授五明大論。一曰聲明，釋詁訓字，詮目流別；二曰巧明，伎術機關，陰陽曆數；三醫方明，禁呪閑邪，藥石針艾；四曰因明，考定正邪，研覈眞僞；五曰內明，究暢五乘因果道理。其婆羅門，學四吠陀論』

前記說明簡明正確。又在佛典中的某書裏，有與佛教五明稍異的婆羅門五明。稱佛教五明，爲內五明，婆羅門五明爲外五明。所謂婆羅門的五明，是以呪術，符明，代替佛教五明中的因明和內明。在宋朝錢唐沙門釋智圓述涅槃經三德指歸卷第五中，說明內衆即佛教徒的五明，包括聲明，醫方明，呪術明，工巧明，因明；外道卽婆羅門的五明，以符印明代替佛教的因明。其言如下：

『西土內衆外道各有五明。內五明者，一聲明，二醫方明，三呪術明，四工巧明，五因明；外五前四同，最後是符印明。』

這樣說來，內五明和外五明的名目，就是在佛典裏，也沒有一定。又無着菩薩造，大唐天竺三藏波羅頗蜜多羅譯的大乘莊嚴經論第五卷和第十卷裏，都有關於五明處的記事存在。

總之，是把婆羅門古來特別研究的五學略加變化，便成佛教的內五明。然而除去前述出於摩㝹法典的三部聖學，辯證究理學等五明之外，聲明以及符明的外五明，是否果然行於婆羅門之間？著者不得其詳了。

其次述十四明十四明中包括四吠陀研究的四明，六吠陀分 (Vedānga) 研究的六明，以及研究諸史話，思惟學派 (Mimānsä) 正理學派 (Nyāya) 法律 (Dharma) 等四學的四明。

在前述十四明之外，還有加上四種小吠陀 (Upaveda) 的研究的，即所謂十八明。這十八明，包括在下記的三十二明裏，以後再叙。又和前述的十八明稍異的十八種學藝目爲十八明處，(Ashtādashavidyā-sthānāni)，揭在梵藏兩語對譯字典的翻譯名義大集 (Mahāvyutpatti) 第二百十六項內。現在根據此書釋本荻原雲來的梵漢對譯佛教辭典所載，十八明處的梵名和漢譯如下：

一、音樂，(Gandharva)

二、春方，(Vaishika)

三、生藝，(Vārttā)

四、數目數，(Sānkhyā)

五、音聲，(Shabda)

六、醫方，(Chikitsita)
七、禮方，(Niti)
八、造作工巧，(Shilpa)
九、射方，(Dhaṇurveda)
十、成語因，(Hetu)
十一、修習相應，(Voga)
十二、聞 (Shruti)
十三、念 (Smriti)
十四、觀星，(Jyotisha)
十五、算法，(Ganita)
十六、幻法，(Māyā)
十七、先世，(Purāṇa)

十八、古事，(Itihāsa)

前記中的先世，卽前述的史話，古事卽古譚。又生藝，是摩㝹法論中五明之一的實學。而佛教內五明的聲明、因明、醫方明、工巧明、等四學，也包含在前述的十八明中。

現在解說這十八明中以後不見其名的春方禮方幻法等三項。

所謂春方，意思便是關於娼家 (vesha) 之術，指賣春術 (harlotry) 娼婦術 (the art of courtezans 而言。

禮方明(Niti-vidyā)一名禮方論 (Nīti-shāstra)，因爲是教學政治知識或道義教訓，所以可目爲政治學 (political science) 道義學 (moral science) 或政治的倫理學(the science of political ethice)。就是譯作人倫學，也無不妥之處。

幻方明是關於魔法，妖術，呪法，幻術等之學。在大智度論卷第五十九中，記載各種呪術。在越前釋峻諦述橫豎圖義淨土眞宗名目裏，關於十八大經一名十八明處，記述如下:

『外道十八大經（又云十八明處）〔百論疏上之下〕四皮陀，六論，八論』

據前文觀，十八明處包括四吠陀和六吠陀分（六論）和八論。這八論的名目，一一揭於百論疏上之下。

據前述所知的，關於十八明中的學科名目，在印度古典裏和佛教徒間，發生種種異說。若是把古代印度的學藝精密的區分起來，便是三十二種明（vidyā）即學（science）和六十四能（kalā）即術（practical art）。合併這三十二明及六十四能的九十六種學藝，認是古代印度人所知的一切學藝固無不可。

在印度古典莎柯羅人倫學（Schukra-nīti）第四章第三節第四十五條以下，關於這些學藝中述如下：

『第四十五條：諸藝諸學之數，無數，不克列舉。

第四十六條：然而主要之明有三十，主要之能有六十四。

第四十七乃至第四十八條：明（vidyā）者能述者知之，能（Kalā）者啞者皆能。

第四十九條乃至第五十條：既已說明其一般的特徵，其次舉述諸明與能的名目而言其各個的特色。』

佛典中有九十六種外道非指九十六派的宗教，大概是合併三十二明和六十四能而成的九十六種學藝。

現在先把古代印度發生學的三十二部 (the 32 branches of learning)，即三十二明的名稱，列記於下。大別爲十七綱：

第一綱　四種的吠陀，(Veda)　四明

第二綱　四種的續吠陀，(Upaveda)　四明

第三綱　六種的吠陀分，(Vedānga)　六明

第四綱　五種之見，(Darshana) 即哲學系統　五明

第五綱　古譚，(Itihāsa)　一明

第六綱　史話，(Purāna)　一明

第七綱　傳承即法律，(Smriti)　一明

第八綱　斷見卽懷疑論，（Nāstika）　一明

第九綱　實利論，（Artha-shāstra）　一明

第十綱　欲樂論卽性欲戀愛學，（Kāma-shāstra）　一明

第十一綱　工巧論卽美術工藝學，（Shilpa-shāstra）　一明

第十二綱　莊嚴論卽修辭學，（Alankāra）　一明

第十三綱　史詩，（Kāvya）　一明

第十四綱　方言土語學，（Deshabhāshā）　一明

第十五綱　禮儀社交學，（Avasarokti）　一明

第十六綱　異國哲學，（Yavana philosophy）　一明

第十七綱　土俗學，（Deshādidharma）　一明

在莎柯羅人倫學第四章第三節第五十一條以下，列舉三十二明如次：

「第五十一條乃至第五十二條：　梨俱耶柔娑摩阿闥婆是諸吠陀；壽明，弓明，樂明，本績是諸

小吠陀。

第五十三條乃至第五十四條：所謂六吠陀分，是式叉論毘耶羯羅那論刧波論尼祿多論豎底沙論及闡陀論。

第五十五條乃至第五十九條：加上思惟派正理派數論派吠檀多派瑜伽派諸古譚、諸史話、諸傳承、斷見、實利論、欲樂論、工巧論、諸史詩、方言土語學、禮儀社交學、異國哲學及土俗學，即所謂三十二明。』

像以上所舉的三十二明，可目為古代印度最高學府的科目表。根據這一例觀察，就能推知古代印度人研究進展到多方面，並且其時印度社會是如何的折衷的，包容的。

這三十二明起於印度的年代，不易確定。不過六十四能一成語，在紀元前數百年的大史詩摩訶婆羅多（II，2068.）裏已見到；而且在犢子所作欲樂經第一品第三章第十六節裏，已列記六十四能的各名目，由此推想，三十二明，大概在紀元前已經存在了。

相傳犢子別名馬拉那迦（Mallla-nāga），是紀元前二世紀之人。大概至遲是紀元後一世紀到二世紀中間的人物是古代印度幫助開拓這些學業的想是婆羅門教徒佛教徒耆那教徒（Jaina）中的學者。並且能夠察知它的研究所是學院或僧院（Vihāra）。關於三十二明各個的詳解，由後節述之，以下先概說六十四能。

所謂能（kalā），不問是手藝（manual art），機械技術（mechanical art）和美術（fine art），凡是世間所有的各種藝能，技藝都可叫作能。工巧（shilpa）一語，也可用作表示能。若是三十二明中的工巧論是美術工藝學，那麼這能便是工巧得視爲實地應用工巧論原理的實藝（practical art）。在莎柯羅人倫學第四章第三節第百三十條以下，解說能如次：

『第百三十條乃至第百三十一條　諸能不單是名目和特徵相異，並且和別種職能所有的，也不同。

第百三十二條　諸能的種別，依其職能而命名。』

主要的能的數目，共有六十四種之多，所以大史詩摩訶婆羅多（II，2068.），單是略稱它爲六十四（chatuh-shashti）。關於這六十四能的著作物，古典裏總稱它爲六十四能論（chatuh-shashti-kalā-shāstra) 或六十四能本典(chatuh-shashti-kalāgama)等。

這六十四能的名目揭載在犢子欲樂經莎柯羅人倫學和濕婆本續 (Shaivatantra) 等梵文學中。

即在許多的佛典裏，也有記述六十四能的。例如唐道暹撰涅槃經疏私記卷第三，記載如次：

『六十四能者，大論第九云四韋陀經中治病法門，戰法，星宿法，祠天法，歌舞，論義，難問法，如是等六十四種世間伎藝，淨飯王子，廣學多聞，若知此事，不足爲難。』

又在龍樹菩薩造，後秦龜茲國三藏鳩摩羅什奉詔譯大智度論第二卷中，記述如次：

『諸婆羅門，喜好酥酪，故常來往諸放牛人所，作親厚。放牛人由之聞諸婆羅門種種經書名字故言四韋陀經中治病法門，戰法，星宿法，祠天法，歌舞論義，難問法，如是等六十四種世間伎藝。』

如前述的六十四能：建築工作、舞踊音樂等，都是網羅公開的或實用的技能，所以有時又叫做外能(bāhya-kalā)。所謂外能，便是外的技能 (external art) 或實際的技能 (practical art)

之意。和這六十四外能相對，還另有六十四內能（abhyanara-kāla）的存在。這便是內祕的技能（secret art）。所謂內能，是關於擁抱，接吻，爪的搔傷，齒的咬傷，性交呻吟，擬男性交，口脣性交等的祕能，好像就是前述的春方，實春術之類。守護和管掌六十四外能及其他一切藝能的神，便是毗首羯摩天（Vishvakarman）即工巧天。印度的工人（kāru），尊崇這神很深。

下節細敘三十二明，然後再述六十四外能。

【備考書目】

（1） Chhāndogya Upanishad editd with translation by Böetlingk.

（2） Brihadāranyaka Upanishad edited with translation by Böetlingk.

（3） Sacred Books of the Eart

Volume XII, Shatapatha-brāhmana, Part I.

Volume XXVI, ibid, Part II.

Volume XLI, ibid, Part III.

Volume XLIII, ibid Part IV.

Volume XLIV, ibid, Part V.

(Translated by Julius Eggeling.)

(4) Sacred Books of the East.

Volume XXV, Manu, traslated by Julius Jolly.

(5) Yajn Vaalkya Dharma Shāstra, edited and translated by Stenzler.

第六章　四種吠陀

現在叙述三十二明中最初成爲四明的吠陀。按吠陀（Veda）一名稱，是從包含知（to know）學（to learn）等義的 Vid 語根裏出來的，轉成知識、聖智、聖教等意；佛典裏音譯爲吠陀，違陀，韋陀，闡陀，比陀，毗陀，薜陀，皮陀，圍陀，吠馱，鞞陀，婆陀等；義譯成明，明解，明論，智論等。表現印度宗教初期信仰的印度最古文學，便是吠陀。吠陀的數目，最初是三種，呼作三明，後來增加一種，即所謂四吠陀（chatur-veda）。若對吠陀加以集錄（sanhitā），則又稱吠陀集錄（veda-sanhitā）。莎柯羅人倫學第四章第三節第五十一條所舉，吠陀有四種，爲梨俱吠陀（Rig-veda）娑摩吠陀（Sāma-veda）耶柔吠陀（Yajur-veda）阿闥婆吠陀（Atharva-veda）。

佛典中關於吠陀文學的記述很多，但是其中往往有陷於誤解的。下引的記述，是出於偈本龍樹菩薩，造釋論分別明菩薩，造大唐中印度三藏波羅頗密多羅譯的般若燈論釋第十三卷觀如來品之中。

『又汝韋陀中言：一力山中造一力毗陀（Rig-veda），三摩山中造三摩毗陀（Sāma-veda），迦遮處（唐言白鴿地）造阿闥毗陀（Atharva-veda）云何言無作者。』

前文中言三吠陀的名稱起於它製造的地名，完全和事實相異。在大唐三藏法師義淨撰南海寄歸內法傳第四卷三十四西方學法條下，記載四吠陀如左：

『五天之地，皆以婆羅門爲貴勝，凡有座席，並不與餘三姓同行，自外雜類，故宜遠矣。所尊典誥，有四薛陀書，可十萬頌，薛陀是明解義，云圍陀者訛也。悉口相傳授，而不書之於紙葉，每有聰明婆羅門誦斯十萬。卽如三方相承，有學聰明法，一謂覆審生智，二則字母安神，旬月之間，思若泉涌。』

在慧琳的一切經音義卷第七十二中，記述如下：

『毗陀——或言韋陀，皆訛也。應言鞞陀，此云分也，亦云知也。四名者，一名阿由，此云命，謂醫方諸事；二名夜殊，謂祭祀也；三名娑磨，此云等，謂國儀卜相音樂戰法諸事；四名阿闥婆拏，謂呪術也。此四是梵天所說，若是梵種，生滿七歲，就師學之，學成，卽作國師，爲人主所敬。梵天孫毗耶娑仙人，又作八鞞陀也。』

上文中舉續吠陀中之一的阿由吠陀，代替梨俱吠陀，當非正當解釋。又譯吠陀爲分，是和吠陀分混亂的謬誤；譯娑磨爲等，也不妥當。至於說明娑磨吠陀的內容，更屬錯誤。

就像逗留印度多年，精通其地事情的玄奘法師，也抱着和慧琳同樣的誤解。據大唐西域記第二所記述的，便能明瞭：

『其婆羅門學四吠陀論。〔舊曰毗陀訛也〕一曰壽，謂養生繕性；二曰祠，謂享祭祈禱；三曰平，謂禮儀占卜兵法軍陣；四曰術，謂異能伎數禁呪醫方。』

現在就四吠陀中編集最早的梨俱吠陀，略說一下。據佛典所記，音譯這吠陀的梵名爲荷力，一力，頡力等；還有義譯這語爲讚誦的。梵語的梨俱，原含有讚誦之意味，特別是稱揚諸神功德的宗教贊誦，乃梵語 rich 及 ricah 的變形，將這些古代聖詩輯成，梨俱吠陀即讚誦吠陀(Hymn-veda)。不問何種吠陀，都有傳承的流派(shākhā)。例如梨俱吠陀，相傳是從沙羯羅派(Shākala)和婆釋羯羅派(Bhashkala)而來的，不過現今僅存沙羯羅派的傳本了。這吠陀的分類，有兩種方法。普通是將依神靈啓示而唱出這些聖謌的大仙以及其系統作爲標準大別爲十卷。更行細別時，便是八十五篇一千十七章，又插入第八卷第四十八章的十一補章，合計一千二十八章。各吠陀中，附加祭書（Brāhmana）及經書（Sutra）等一羣文學。這樣看來，就廣義講，所謂梨俱吠陀，而祭書和經書都應包括在內。又廣義的祭書是從狹義祭書，森書（Aranyaka），祕書（Upanishad）等三部而成的。然而就狹義來說，所謂梨俱吠陀，是除去前述的附屬部分，專指神咒（mantra）罷了。其餘的三吠陀，也和梨俱吠陀同樣，就狹義講是專指神咒，就廣義講，包含前述的附屬部分。

在莎柯羅八倫學第四章第三節第六十條以下，解說梨俱吠陀如下：

『第六十條　諸神咒及諸祭書的名目，是梨俱等的吠陀。

第六十一條　遵照這些聖典而禮拜讚誦，爲諸神所歡喜。

第六十二條　諸神咒，因口稱而名。諸祭書是適用諸神咒的儀軌。

第六十三條　諸吠陀中梨俱部分的諸神咒，是從讚美諸神的誦讚而成的。又這些諸神咒，是四句偈或二句偈，韻律的形式很完美。而這些神咒，是各種祭祀時使用的。』

依照前面的解說，梨俱等諸吠陀，都是從神呪和祭書的兩部分而成的，人們依法適用它行於祭祀時，便能博得諸神的歡喜。又在右書裏舉述梨俱吠陀的神呪有三個特徵如下：

(一) 梨俱吠陀的諸神呪：必須具有韻律的形式。

(二) 梨俱吠陀的諸神呪：應當使用於諸祭祀之時。

(三) 梨俱吠陀的諸神呪：必須讚美諸天善神。

又據前書的記述，三十二明中四明的四吠陀，最狹的意味，包含神呪的部分。文中雖說神呪和祭書是吠陀的二部分，但是這祭書是適用神呪的狹義祭書，不是包括森書祕書的廣義祭書。並且前書裏雖然詳說神呪的特徵，但是關於狹義祭書的內容並無詳解。這樣看來，可知莎柯羅人倫學的作者，是指三十二明中的四吠陀為諸吠陀中的神呪部，現在稍為擴大其範圍，以為適用神呪的狹義祭書，包含在內，當能如此考量。

其次第二種吠陀的娑摩吠陀(Sāma-veda)是怎樣呢？在佛典裏，有把這吠陀的原名音譯為三摩，娑摩，娑磨等，或是義譯為歌詠。

這吠陀因爲是集錄歌詠（sāman）所以名曰娑摩吠陀。除去附屬的文學，這吠陀的本集，便是神呪，由二大部編成。相傳前部含五百八十五偈，後部含一千二百二十五偈，但是又有說前後部合計不過一千五百四十九偈的。其中除去七十五偈（一說七十八偈）的殘部，其餘都是從愛的梨俱吠陀中採來的，所以在文學上沒有獨立的價值。然而這吠陀因爲是在蘇摩（Soma）祭時把歌僧使用的歌書編輯而成的，所以在印度音樂史上還不失爲要典之一。

據莎柯羅人倫學第四章第三節第六十八條，說明娑摩吠陀的內容如次：

『娑摩是諸神呪吟唱於諸神祭時的。』

其次再述第三吠陀的耶柔吠陀。在各種佛典裏，把耶柔吠陀的梵名，音譯爲耶柔，冶受，耶訓，夜殊，耶樹等，若是義譯，或解說起來，便是祭祀，祠祀，享祭，祠祭，祭祀祈禱之書。

耶柔一名稱是從 Yajus 而來的。按 Yajus 的梵文是願文（sacrificial prayer）祭詞（sacrificial word）祭式（sacrificial formula）等之意，指稱祭祀時，秉着特異態度的諸神呪。

總而言之，耶柔吠陀，因爲是祭祀的吠陀（the sacrificial veda），所以佛典裏譯爲祠祀明，或說是闡明「善道法」之書。

組成耶柔吠陀的諸神呪，大體是散文，爲獨創的作品，包括祭詞和祭式，其中有從梨俱吠陀摘抄的詩句，也不在少數。大概因爲產生新儀式和儀軌細目發達的結果，僅靠梨俱吠陀選出的詩句，不敷應用，於是附加些散文的祭詞和祭式，成立這新的教典了。

按梨俱娑摩耶柔三吠陀的神呪用途各異。梨俱吠陀的神呪（即 rich）是祭祀之時，誦僧（hotri）高聲誦讀的聖詩，娑摩吠陀的神呪（即 sāman），是歌僧按着音節而歌的詠詞。耶柔吠陀的神呪（即 yajus），是祭僧（adhvaryu）低聲而吟的祭詞和詩句。

據莎柯羅人倫學第四章第三節第六十五條乃至第六十七條所載，解說耶柔吠陀的內容如次：

『耶柔吠陀的各神呪，不附韻文和音樂，不過依着某種秩序誦讀罷了。又在這書裏，規定着祭僧（即處理祭祀的僧）的聖務，並且這書的不論甚麼神呪，都是要三誦的。』

承襲耶柔吠陀的學派，共有：伽闥派（Katha）、伽毘尸他羅派（Kapishthala）、蜜多羅衍耶派（Maitrāyaniya）、退撥栗耶派（Taittiritya）、阿波斯滕跋派（Āpastamba）、喜蘭耶劫仙派（Hiranyakeshin）、婆闍沙儞嚴派（Vājasaneyin）等等，這五種傳本現在都有殘存。五傳本中蜜多羅衍集錄（Māitrāyanī-sanhitā）、伽闥迦集錄（Kāthaka-sanhitā）、伽毘尸他羅·伽他集錄（Kapishithala-katha-sanhita）、退撥栗耶集錄（Taittiriya-sanhita）等四書中，解說神呪的部分和祭儀，對於所謂狹義的祭書部分沒有嚴密區別，是混雜的，所以總稱之爲黑耶柔吠陀。所謂黑便是雜亂無章之意。婆闍沙儞葉集錄（Vājasaneyi-sanhita）和前述四書相反，完全除去狹義的祭書，專門集錄散文祭詞、韻文聖歌等神呪，所以叫作白耶柔吠陀。所謂白便是明白有序的意味。這白耶柔吠陀共有四十章，前十八章是最初所作的基本部分，其餘二十二章是以後添加的補充部分。

最後，一述第四的阿闥婆吠陀。按阿闥婆吠陀一名，出於受了梵天王(Brahmā)啓示而製作這吠陀的古聖名阿闥梵（Atharvan）。佛典裏音譯爲阿闥、阿達婆、阿闥婆拏等，從內容上義譯爲術、呪術等；解說爲異能、技數、禁呪、醫方之書，或爲呪術、算數之書。這吠陀又叫作 Atharvāngiras。這別名是以阿闥梵仙爲祖的阿闥梵僧族和以俺吉羅(Angiras)爲祖的俺吉羅僧族合併而成 Atharvāngiras 的。此外還有 Bhrig-vangiras Brahma-veda 等稱。前者是以跋梨求仙(Bhrigu)爲祖的跋梨求僧族和前述俺吉羅僧族結合而成的名稱。後者是在阿闥婆系文學以外，附屬梨俱吠陀的家經(Grihya-sūtra) 之一，僅見一次名稱的呪文吠陀 (the veda of sacred spells or charms) 之意。這吠陀，有時又單呼俺吉羅沙 (Angirasas)。

這吠陀有兩種不同的傳本，一種是屬毘頗羅陀派 (Paippa-lāda) 的，一種是屬首那迦派 Shaunaka)。作爲刊行本典的，却是首那迦派傳本。

這吠陀共有二十卷七百三十章，約含六千的詩節就是頌偈。其中有一千二百頌，是從梨俱吠陀的第一，第八，第十諸卷中選拔出來的。全書六分之一，是散文。這吠陀，本來最初只有十三卷，後來陸續的增加五卷，最末的第十九和二十兩卷，一見便知是追加的。這吠陀的內容很複雜。據莎柯羅人倫學第四章第三節第六十九條下，簡單地說：『阿闥梵吉羅尸一書，是關於本尊和行者間的感應。』四吠陀中的前三者，都是使用於祭祀而編集的聖典。然而這阿闥婆吠陀，除掉最後的第二十卷和祭祀有關外，其餘部分，在本質上，和吠陀的祭祀，完全無關係。

從全體觀察，這書不外是集合所行諸咒術咒法必要的異種咒文。冠用吠陀之名稱的阿闥梵族和俺吉羅族，是太古以來專業咒術的事火僧族。不過阿闥梵僧族所專掌的咒法，是正善無害招福禳災的白淨咒法（white magic）；俺吉羅僧族傳承而來的咒法，却是邪惡有害，咒詛調伏的黑染咒法（black magic）。

那麼這吠陀第十一卷第六章第十四頌中，稱爲阿闥梵族咒文的除病咒（bheshājani）一名，便是暗示這僧族專業除病等吉祥神聖的咒法。反之，那俺吉羅僧族，便是專業咒詛（yātu）調伏（abhichāra）等危害恐怖的咒法。阿闥婆吠陀的咒文，普通可區別如下的三類：

（甲）息災咒法用（shāntika）的咒文

（乙）增益咒法用（paushtika）的咒文

（丙）調伏咒法用（abhichārika）的咒文

上舉三類中之前二者，是阿闥梵族所使用的，後者是俺吉羅族所使用的。在後世文學裏，把阿闥婆吠陀系統的呪法分做五種。阿闥婆吠陀因爲單是集錄呪文的書，所以沒有記述呪文是如何的實地適用。幸而還有應用這呪文所謂儀軌（kalpa）的迦錫茄經（Kaushika-sūtra）和祀三聖火經（Vaitāna-sūtra）等存在。據布倫斐爾（Maurice Bloomfield）英譯這吠陀的書理，把呪文聖歌等大別爲其次的十種。

（一）除諸病和鬼病的除病呪文（bhaishajāni）

（二）求長壽和健康的延命呪文（āyushāni）

（三）破除惡者，呪詛者怨敵等的調伏呪文（ābhichārikāni and krityāpratiharanāni）

（四）關於婦女的呪文（strīkarmāni）

（五）關於國王的呪文（rājakarmāni）

（六）獲得和合，權勢等的呪文（sāmmanasyāni, qe）

（七）獲得繁榮家庭，田野，家畜，業務，賭博等的呪文。

（八）消除罪垢的呪文

（九）求得婆羅門族利益的呪文。

（十）關於宇宙起源久至神智的讚誦。

雖然包含着這樣複雜異種的神呪，但是所佔的主要部分，是使用前記的三種呪法的呪文。講到三呪法中第一種息災或禳災的呪法，是驅除惡靈病魔等的法術，有以供物甘言直接撫慰惡靈的，也有另採妥協的手段哀懇及早退散的，或者招請比較上級的神靈，強迫它退去的，前記除病呪文等所使用的呪法，共有三百八十八頌。第二種增益的呪法，是利用善靈增進自己或他人的幸福。在求得家業的繁榮，農作的豐饒，賭博等的勝利時，不可不依照這種呪法。第三種調伏的呪法，是靠惡靈等援助而使怨敵及呪詛者遭到敗滅的危險呪法；這呪文中，很多可怕的詞句，其所使用的呪法之象徵物，唯一是不淨不吉之物。

根據以上所述，可以推知這吠陀的內容，比較梨俱吠陀更加低級，且多迷信。按梨俱吠陀，是僧族比較進步表白崇拜諸神的聖歌集，而阿闥婆吠陀恰和這相反，是表示民間崇拜惡鬼的呪文集。但是阿闥婆吠陀是新時代所編輯的，在神觀上說，所包含的思想，比較前三吠陀更加進步，大體上，是具有前三吠陀以上與味和價值的古典。

阿闥婆吠陀能和前三吠陀爲伍而列入聖典中，大概很需長久的歲月。這吠陀揭於俺吉羅書四種黑耶柔吠陀之一的退掇栗耶集錄中，是印度古典中最初的記錄。諸祭書中，於列記前三吠陀之後，把阿闥婆吠陀列入第四位的例子很多。

在阿闥婆吠陀的除病呪文中，揭載治癒一切疾病、創傷、蛇毒、蟲毒等，以及治療這些病所必要的藥草，所以這書在醫學上，可認爲印度最古的文獻。

佛教中眞言密教所行的呪法，是淵源於阿闥婆系統的呪法。眞言密教把息災法，增益法，調伏法等三部法，成爲胎藏界的護摩法（homa），加上敬愛法鈎召法，以這五種法成爲金剛界的護摩法，更加上延命法，按這六種法，相信已將一切的護摩法網羅盡了。

上述四吠陀聖典的研究，佔着古代印度三十二學中最初的四學。

〔備考書目〕

(1) Arthur A. Macdonell: A History of Sanskrit Literature.
(2) Friedrich Max Müller: History of Ancient Sanskrit Literature.
(3) Ludwig: Der Rigveda.
(4) Lucian Scherman: Philosophische Hymnend aus der Rig-und Atharvaveda-Sanhitā, 1887.
(5) Hymns of the Atharvaveda, together with Extract from the Ritual Books and the Commentaries; translated by Maurice Bloomfield.
(The Sacred Books of the East, Volume XL II.)
(6) Atharva-veda, translated into English Verse by Griffith, 2 Volumes, Benares, 1897.
(7) Kaushika-sūtra, edited by Maurice Bloomfield.
(8) Zimmer: Altindisches Leben.
(9) Roth: über den Atharvaveda, Tübingen, 1856.
(10) Muir: Original Sanskrit Texts.
(11) Bergaigne: La Religion Védique.
(12) Pischel: Vedische Studien.
(13) Ludwig: Über Methode bei Interpretation des Rigveda
(14) Albrecht Weber: Indische Studien.
(15) Grohmann: Indische Studien.

第七章　四種續吠陀

舉述三十二明中四種吠陀之次，擬就四種優婆吠陀（Upaveda）解說一下。

按優婆吠陀，是續吠陀（secondary Veda）及小吠陀之意，乃附屬於四吠陀的一類文學之名稱。與前記之四吠陀，指特定之書目者有異，這四個續吠陀，乃附屬四吠陀的學科或文學四大分脈的汎稱。但是列入四大分脈中的，爲如何種類之文學？印度的古典，記述不一。

關於吠陀諸學派的 Charana-vyūha 一書中，記述四續吠陀的名稱和其所屬如下：

（1）壽命吠陀（Āyur-veda, the science of medicine）

這種續吠陀，是從屬於梨俱吠陀中的。

（2）射方吠陀（Dhanur-veda, the science of archery）

這種續吠陀，是從屬於耶柔吠陀中的。

（3）音樂吠陀（Gandharva-veda, the science of music）

這種續吠陀，是從屬於娑摩吠陀中的。

（4）武器論（Shastra-shāstra, the science of arms）

這種續吠陀，是從屬於阿闥婆吠陀中的。

然而在蘇悉盧多醫錄（Sushruta-sanhitā）和伐婆彌瑟羅（Bhāva-mishra）撰述的伐婆毘羅羯沙（Bhāva-prakāsha）等醫書中，記載壽命吠陀是從屬於阿闥婆吠陀的。又據韋柏教授（Albrecht Weber）的名著印度文學史，把實利論（Artha-shāstra）列入第四續吠陀中，代替前舉的武器論。不過實利論是續吠陀以外的一學，已列於三十二明中，所以覺得韋柏的記述不妥當。又在印度某書裏，認工巧論（Shilpa-shāstra）是第四續吠陀，但這也是獨立的一學門，已列於三十二明中，似乎不應再加入續吠陀中了。

再者，在印度古典裏，以築造吠陀（Sthāpatya-veda, the science of architecture）即建築學，列入第四續吠陀，說是美術工藝守護神毗首羯磨天（Vishvakarman）即工巧天所啓示的聖學。我們對於這種主張，亦難贊同。又據莎柯羅入倫學第四章第三節第五十一條乃至第五十二條中記：『梨俱耶柔娑摩阿闥婆是諸吠陀；壽命，射方，音樂及諸本續（Tantra）是諸續吠陀。』

壽命射方音樂占居續吠陀中的地位固無異論，不過如何種類的學科或文學，是屬於第四的續吠陀，計有以上諸說。大概武器論或本續是第四續吠陀，射方吠陀和武器論同列續吠陀中，似有重複之感，所以莎柯羅人倫學以本續爲第四續吠陀一說，比較妥當些。

以下略說壽命射方音樂三續吠陀，和擬作第四續吠陀的武器論與本續二學。

壽命吠陀的梵名 Āyur 吠陀含意是關於 āyus 的吠陀。按 āyus 的含義，計有生命，活力，勇氣，健康，長壽等。這樣說來，壽命吠陀包括健康學（the science of health）醫療學（the science of medicine）生命學（the science of life）等。雖然這續吠陀有認爲當屬於梨俱吠陀的一說，但是不如目爲和醫療有特別關係的阿闥婆吠陀的補充，比較合理些。佛典裏音譯這續吠陀的梵名 Āyur 爲阿由，而且附以壽或命的義譯。

考究醫學以及長生的壽命吠陀，是印度古來視爲聖學之一，而被尊重的。如前所述，在阿闥婆吠陀的呪文中，有驅除諸病和鬼病的除病呪文，請求健康長壽的延命呪文，列舉諸病諸藥的名稱。

大概壽命吠陀是從阿闥婆吠陀之原始的醫學而發達者。本來熱帶國家的印度，夙爲各種惡病所苦。如麻拉里亞 (malaria 惡性熱病)霍亂、霍亂、鼠疫等，那一樣不是發源於印度的。

一千九百十九年印度發生霍亂，病死的二十八萬八千四十七人；熱病死的四百八萬五千七百八十四人，赤痢病死的二十四萬八千三百八十一人。

可知印度疾病特別多，同時治療這些病的藥劑也比他國特別豐富。醫療學、藥劑學在印度發達很早，那是當然的。印度佛教徒也將醫方明列入應當學習的五明之一，婆羅門更以壽命吠陀之名，定爲應習的三十二明之一。在亞歷山大王遠征印度時，曾使印度醫生治蛇毒。印度有無害有害的蛇數百種，可想希臘軍被蛇毒所苦惱有多大。漢和諸本草書裏，揭舉印度產的藥劑梵名和譯名的很多。就是現代歐洲醫學界，也很多是參考古代印度的醫方。

印度最古醫典的阿闥婆吠陀中，記載着七十七種病名和那些對症之藥，大半是金石草木。阿闥婆吠陀中所記的病名內，有 takman 病，yakshma 病，癩病 (kushtha) 等。yakshma 病，推測是今日的肺病。

從這些例子看，便能推知壽命吠陀的聖學，是從阿闥婆吠陀發展而來的。

關於壽命吠陀的多數著作，成爲印度科學的梵文學一部門，放發異彩。又稱關於壽命的學術或著作爲藥療明（Vaidya-vidyā）藥療論（Vaidya-shastra）等。

古代印度的壽命論，分爲次述的八分科（ashtanga），總稱曰八分醫方或八醫。

第一拔除醫方（Shalya）：這是抉拔人體上惹起痛苦之物，如擲鎗、擲箭、鎗、箭、矛、荆棘、木片、針等，所以可目爲外科醫學的一部。這種醫法，又名拔除論（Shalya-shastra）。就是在後代印度大醫Vāgbhata的醫書八分醫方大集（Ashtānga-hridaya-sankitā）中，也有除去異物法（Shalyāharana-vidhi）的一章，討論這拔除醫術。

第二利器醫方（Shālākya）：這是使用利器（shalākā）療治眼耳等病的一種外科醫學，又名利器論（Shālākya-shāstra）。

第三身病醫方（Kāya-chikitsā）：這是對於全身疾病的治術。

第四鬼病明或鬼病醫方（Bhūta-vidyā）：這是驅除因鬼憑（bhūtopasarga）而生印人所

信之諸心病的醫方。印度人深信各種精神病，是受了諸鬼的影響而發生的；這諸鬼名曰步多鬼。據印度醫書 Shārngadhara-sanhitā 所載，因鬼憑而生的狂病，有二十種之多。又在前記的八分醫方要錄第六章中，也有這鬼病科論（bhūta-tantra）的敘述。

第五看童法（Kumāra-bhritya）：這是對於胎兒、幼童、產婦等的看護學。據後引義淨法師的記錄，印度稱十六歲爲止的男子爲男童（kumāra）。

又據印度古典中所記，從十歲到十二歲爲止的少女，呼作童女（kumārī），或者說這是稱到十六歲爲止或月經初潮的一切處女。還有一說，童男的梵文 kumāra 是從易死（easily dying）兩字的語原裏出來的。因爲印度氣候不調，保育幼兒很不容易，所以小兒醫科的看童法，很早就發達了。

第六惡揭陀藥科論（Agada-tantra）：這是關於諸藥劑尤其是解毒劑之學。印度呼醫學爲惡揭陀吠陀（Agada-veda）。

第七長命藥科論（Rāsāyana-tantra）：這是關於（Rāsāyana）藥的學科。按 Rāsāyana 藥

是不老不死的靈藥之意。

第八强精藥料論（Vājīkarana-tantra）：如名所示，這是關於強精催春藥（aphrodisiacs）的學科。

昔時遍歷印度的大唐三藏法師義淨，在其撰述南海寄歸內法傳卷三中，記述印度的八分醫方如次：

『第三卷　二十七　先體病原

然西方五明論中其醫明曰：當先察聲色，然後行八醫。如不解斯妙，求順反成違。言八醫者，一論所有諸瘡，二論針刺首疾，三論身患，四論鬼瘴，五論惡揭陀藥，六論童子病，七論長年方，八論足身力。言瘡事兼內外，首疾但有目頭，齊咽已下，是名為身患。鬼瘴謂邪魅，惡揭陀遍治諸毒，童子始從胎內至年十六，長年則延身久存，足力乃身體強健。斯之八術，先為八部，近日有人略為一夾。五天之地，咸悉遵修。』

上記義淨法師的叙述，簡明切要，所謂八分醫方，實是適應病源的八種治法。

據傳：人體是由風（Vāyu）、熱（Pitta）、痰（Shleshman or Kapha）三大（tridhātu）而成的，若此等不調和，便生風病、熱病、痰病之三病（tridosha），這是壽命吠陀系統的醫書中一般採用此說的。按三大之大字是駄都（dhātu）二字的譯語，實指構成身體要素（a constituent element or essential ingredient of the body）的氣（humour）而言。若是三氣中的風大（即風氣 the windy humour）增大，壓伏其他痰熱二氣時，遂發生風病。所謂熱大是隱於胃腸間，循環肝臟內，滲入脾臟、心臟、眼睛、皮膚內的膽汁質之氣（the bilious humour），熱是它主要的性質。所謂痰大便是粘液質之氣（the phlegmatic humour）。醫師對於疾病，辨知風、熱、痰的差別，然後講求適應的治術。

據大般涅槃經卷第二十五，敘述三病及治療的對症藥如次：

『譬如良醫善八種術，先觀病相。相有三種，何等爲三？謂風熱水。風病之人，授之酥油；熱病之人，授之石蜜；水病之人，授之薑湯。』

前文中之水病，即痰病。據南海寄歸內法傳，記載三病如次：

『第三卷　二十八　進藥方法

若依俗論病，乃有其三種，謂風熱瘀，重則與瘀體同，不別彰其地大，凡候病源，旦朝自察。』

在陳天竺三藏眞諦所譯印度數論學派（Sāṅkhya）要典金七十論卷上中也有如次的記載：

『何物爲三苦？一依內，二依外，三依天。依內者謂風熱痰不平等故，能生病苦。如醫方說：從臍以下，是名風處；從心以下，是名熱處；從心以上，並皆屬痰。有時風大增長，逼痰熱則起風病。熱痰亦爾，是名身苦。心苦者可愛別離，怨憎聚集，所求不得，分別此三則生心苦。如是之苦名依內苦。……一者八分醫方所說，能滅身苦；二者可愛六塵，能滅心苦。』

又據龍樹菩薩造，後秦龜茲國三藏法師鳩摩羅什譯的大智度論卷第一說：『譬如重熱之膩酢鹹藥草飲食等，於風病名爲藥，但於餘病卽非藥。若輕冷甘苦澀之藥草飲食等，於熱病名爲藥，但於餘病卽非藥。若輕辛苦澀熱之藥草飲食等，於冷病名爲藥，但於餘病卽非藥。』文中之所謂冷病，卽前記的痰病。又在同書卷第十中略說：『病有二種，一爲外因之病，二爲內因之病。外病者，寒熱、飢渴、兵刃、刀杖、墜落、推壓也。此等外患名之曰惱。內病者，飲食不節，起居無常之四百四病也。如是種種名爲內病。如此二病身有皆苦。——聖人實知身爲苦之本無不病之時。何則，是四大合而成身，地水火風之性不相宜，卽各各相害。譬如疽瘡無不痛之時，若塗以藥，雖得少差，但不得癒。人身亦如是，常病常治，治故得活，不治卽死。』分疾病爲內外二種，內病起於地水火風的四大不調，言其數有四百四種。按疾病之有四百四種，是佛教的通說。卽在婆藪跋摩造陳天竺三藏眞諦譯的佛書四諦論第一卷裏，也敍述四百四病之事。其他如後秦龜茲國三藏鳩摩羅什譯摩訶般若波羅密經卷第十九魔愁品第六十二中也記着『一切世間有四百四病。』又在彌勒菩薩說，三藏法師玄奘譯的瑜伽師地論第十五卷中，亦有關於印度醫方明的記述。

據印度古傳說，諸神醫耽槃多梨 (Dhanvantari)，和諸神及阿修羅衆協力攪拌乳海時，有手持不死甘露 (Amrita) 自海中出現的醫神，後生爲迦尸國 (Kāshi) 地縛陀薩王 (Divodāsa)，創造印度的醫方明。在印度文學裏，尊稱地縛陀薩爲醫主 (Vaidya-nātha) 醫王 (Vaidya-rāja)。

印度古來壽命吠陀的大家輩出，遺下關於醫療藥劑的名著很多。

阿低利仙人（Atri）是有名的梨俱吠陀讚誦之作家，其後裔阿低離仙人（Ātreya），通曉醫方。

據馬鳴菩薩造北天竺三藏曇無讖譯的佛所讚經卷第一，生品第七中載：『阿低利仙人，不解醫方論，後生阿低離，善能治百病。』

似乎阿低離仙人的弟子 Agni-vesha 及 Hutāsha-vesha，也是印度古代的大醫。此外還有名爲 Tisata 的古代大醫，共造醫療偈（Chikitsākalikā）各四百頌的二醫典，其一中有所謂醫療偈註（Chikitsā-kalikā-tīka），犍達陀（Chandrata）所作的註解。按這犍達陀一名，在 Sushruta-sanhita, Sushrutam（醫錄）裏，也曾見過。

印度現存的古代醫典，最有價值而組織嚴密的要推 Charaka-sanhitā 醫錄和其後作成的 Sushruta 醫錄了。在 Charaka 醫錄中，有 Charaka-grantha 本典和 Charaka-tantra（科論）等別名。在梵籍 Bhagavata-purana（史話）中，關於醫聖 Charaka 有如次的傳說：

壽命吠陀之受納者錫沙龍王（Shesha），曾遊訪地上，見着充滿全地的病者，發生哀愍之情，終爲減輕疾病，化現爲某仙人（muni）之子，而成醫聖 Charaka，造醫方一書。這醫書是依據 Agni-vesha 仙的醫書和阿低離仙諸弟子的醫書。按 Charaka 名稱的由來，是龍王以一種 Chara 即密偵而來地上的。

在 Charaka 醫錄註疏裏，有 Hari-chandra 所造的 Charaka-tantra-vyākhyā 科論釋義和 Krishna 所造的 Charaka-bhāshya 醫錄大疏。這 Krishna 又是撰述美辭甘露海（Sāhitya-sudhā-samudra）一書的學者，似爲希拉·巴答（Hīra-bhatta）之父。根據中國所傳，Charaka 是迦膩色大王（Kanishka）的侍醫。按這國王是紀元七十八年到一百二十年時，管領北印度的英主。德人韋柏認定 Charaka 是紀元五百五十年時的人。後於 Charaka 醫錄而成的 Sushruta 醫錄，是醫聖 Sushruta 所作，係 Vishvāmitra 之子，相傳是神醫耽槃多梨的子孫。這醫錄，合成六書，自古至今，常和 Charaka 醫錄同受世人所尊敬的。這兩醫錄，都載着豐美的韻文，間雜以散文。

其次舉述後世印度醫書中特別著名的。

前舉 Vagbhata 所造的八分醫方大集，是近代印度醫書中的白眉。還有 Bhava-mishra 所造的 Bhāva-prkāsha（明解）堪與爲伍。又迦濕彌羅國（Kashmira）Narahari-pandita 所造的藥物語彙之王（Rāja-nighantu, Nighaatu-rāja, Abhidhāna-chintāmani），是列記幾多藥草名目爲最上之藥劑書。

關於基督教以前印度存在的植物學、動物學、生理學、化學、數學等考究，很可以匹敵古代希臘的 Theophrastus 一派和亞歷山大里亞（Alexandria）學派等。尤其印度古代以醫學和科學爲主題的自然科學，它進展的程度實在凌駕歐洲近代諸大家的研究。古代和中世紀的印度人，究竟如何幫助自然科學的開拓呢？這是世界文化研究者引爲最有興味的研究題目。現代印度碩學羅益氏(Roy)西爾氏（Seal）等教授發表關於這方面的廣博研究。祇要一見印度古代的醫學書，便知印度人夙通醫療的學術，具有洞察諸病原因和症候的明眼，而尤其驚嘆它外科治術的巧妙。古代印度人既知食養法的效驗，又能認識人體解剖的價值。但是因爲宗教的偏見非常妨礙解剖的實行。

並且古代印度對於和醫學有深切關係的化學，也很發達，曾應用水銀和其他礦物，治療疾病。至於種痘的方法，也是印度人自古以來所知的。

古代印度的醫學，和希臘阿刺伯的醫學，有無關係，是引有深趣的研究題目。古代希臘名醫 Hippocrates 的醫書，和古代印度醫聖 Charaka 的醫錄之間，據近時的發見，似有某種密切的關係。某學者推測在紀元以前，希臘醫學就受了印度醫學的影響。不過著者却深信古代希臘的諸醫學者，是自在地輸入印度醫學的。

其次，印度醫學自紀元七百年以來，給與阿刺伯醫學顯著的影響。報達（Bagdad）的回教王，曾把幾部印度醫書，譯成阿刺伯語。直到第十七世紀，歐洲諸醫仰爲權威的阿刺伯醫學，它的進步，完全是印度所負的。並且倒過來，也有把阿刺伯的醫書翻成梵語的例。如印度的大天學者（Mahādeva Pandita）曾把阿刺伯一醫書譯成梵語，而題其書名曰喜柯馬明解（Hikmat-Prakasha）。又有這種學者，另造喜柯馬光燈（Hikmat-Pradipa）一書。

在許多佛教文學裏載着關於釋尊在世時代醫王耆婆(Jīva)的種種傳說。後漢安息國三藏安世高譯㮈女祇域經一卷等，也是記載耆婆的經典。又散見於佛教文學中的印度醫學記述今後大有研究的必要。四續吠陀第一壽命吠陀的解說，僅止於上，以下略述第二的射方吠陀：

射方吠陀 (Dhanur-veda)，一名射方明，爲弓術學 (the science of archery, the bow-science) 是和耶柔吠陀有特殊關係的續吠陀。相傳記名於梨俱吠陀中的毗濕縛密多羅 (Vishvāmitra) 勃栗瞿 (Bhrigu) 二大仙，是印度弓術學的始祖。有以射方吠陀一書，歸於毗濕縛羅密多羅所作者。古代印度人因爲是以竹製弓 (dhanus)，所以呼竹曰弓木 (dhanus-druma)。

古代印度人的重視射方，證之遺存著述與之有關的很多，便能明瞭。射方吠陀是 Shārngadatta 所造的，爲專敘印度弓術學書籍之一。

次述第三續吠陀，這是附屬娑摩吠陀的音樂吠陀 (Gāndharva-veda, Gāndharva-vidyā, Gandharva-veda, Gandharva-vedā)，換句話說，便是音樂學 (the science of music)。

這音樂吠陀的梵名爲乾闥婆吠陀 (Gandharva-veda)，是乾闥婆神之學 (Gandharvascience）的意義。按乾闥婆神，卽漢譯佛典中的乾闥婆，是印度神話裏有名音樂神的階級。

因爲吠陀時代的印度人，具有勇猛快活的樂天人生觀，所以它愛好遊戲娛樂之念很強。便是在梨俱吠陀中也記着有體操，鬥羊，弓術，競技，唱歌，音樂，舞踊，野遊等娛樂。續吠陀之一的音樂吠陀，雖認爲附屬娑摩吠陀中的一學，但是它的起源在梨俱吠陀時代，已經存在當時已有聲樂（vocal music）和器樂（instrumental music）並行着。

首先略述古代印度的聲樂。在梨俱吠陀時代的祭祀，需要四種主要的祭師（ritvij），其中歌僧，專事唱歌，後來便編輯娑摩吠陀，作爲它的教典。歌僧歌唱娑摩吠陀時，方法很複雜，並且這方法，和蘇摩祭相同，能追溯到印度伊蘭時代，想是很古的。這樣看來吠陀時代的聲樂，可以推測已經脫離最原始的狀態了。

其次，觀察古代印度的器樂。在梨俱吠陀一聖歌中，形容善人靈魂，死後往生悅樂的天國，以爲這樂土，可聽到朗朗的歌聲和笛聲。據此說來，可證最古印度民族，對於音樂，尤其是笛等，認爲愛好的器樂。當時印度人已經使用笛（vāna）太鼓（dundubhi）箜篌（vīnā）等樂器來代表管樂

器 (wind instrument) 擊樂器 (Percussion instrument) 絃樂器 (string instrument)。日本語鼓字的讀音作ツヅミ，大概就是出於梵語的 dundubhi。箜篌是印度琵琶的一種，和歐洲音樂的六弦琴 (guitar) 有幾分相似；箜篌在漢譯佛典裏，音譯爲尾那、批那等字樣，日本古來呼作百濟琴ダラゴト。如妙法蓮華經方便品第二所記：『簫笛琴箜篌琵琶銅鐃鈸』的琵琶，大概便是梵語的 vallakī，箜篌是漢譯的梵語尾那。按 vallakī 常和箜篌並記，是一種印度琵琶。不過琵琶的名稱，恐是箜篌梵名尾那的轉訛。普通的箜篌，在一根長的圓胴上，立着十九個支柱，上架七弦，兩端附大瓢。又謂其音域有兩個音程 (Octave)。據後世印度傳說，箜篌的發明者，是訖里史那神 (Krishna) 的親友那羅陀大仙 (Nārada)。又在各梵詩裏，名這大仙爲天神乾闥婆 (Deva-gandharva) 乾闥婆王 (Gandharva-rāja) 或單呼乾闥婆，爲音樂的妙手。

箜篌可目爲印度的代表樂器，即在印度文學以及漢譯佛典等書中，很多關於這樂器的記錄。西藏語名此曰 Piban。

據後秦龜茲國三藏鳩摩羅什譯摩訶般若波羅密經卷第二十七曇無竭品條下，記載如次：

『善男子，譬如箜篌聲，出時無來處，滅時無去處，衆緣和合故生。有槽有頸有皮，有弦有柱有棍，有人以手鼓之，衆緣和合而有是聲。』

又如後漢月支國三藏支婁迦讖譯道行般若經卷第十摩訶般若波羅密曇無竭菩薩品第二十九之文，好像是前文的異譯，其文略記如下：

『曇無竭菩薩語薩陀波倫菩薩言：賢者明聽，譬如箜篌，不以一事成。有木有柱有絃有人搖手鼓之，其音調好，自在欲作何等曲。』

關於印度古樂器的構造，在印度佛典中，亦有記載，如：

(a) Milinda Panha (P. 53, ed. Trenchner)

(b) Guttila Jātaka (No. 243, ed. Fausböl)

風俗通載，漢武帝命樂人侯調，依琴而製作坎候，這便是箜篌。然而在隋音樂志中，記載箜篌出自西域，非中夏舊器。

日本呼箜篌曰クゴ，又曰百濟琴。這大概是從朝鮮而傳到日本的。傳到日本的箜篌，是形小於琴的七弦琴彈時用撥，一如琵琶。此外體曲而長二十三絃，竪抱之而兩手齊奏，是爲竪箜篌。事物紀原曰『體曲而長絃共二十五，抱於懷中兩手齊奏。』這大概便是竪箜篌。縱然同一箜篌，但是在印度中國朝鮮日本等地，其形體各有不同。印度的批那，屬於 sharadaka 種類。時代稍後在稱爲修多羅(Sūtra)的梵文學之一中，記載箜篌是彈於祖靈祭之時的，所以能夠推知吠陀時代的印度人，也和中國亞述巴比崙埃及等國民相同，是把器樂用於宗教儀式的。

到了耶柔吠陀時代，有數種專業的伶人出現。根據當時職業種目中，列有彈琴者，擊鼓者，吹笛者，吹貝者等，便能推知。

祭祀或生活中所必需的物品，古時常把它神化。例如阿闥婆吠陀第五卷第二十一章中，把畏伏怨敵的陣鼓讚美爲神。下列聖歌，是同章第六節所載：

『驚叫，諸鳥驚恐而飛散；獅子吼，彼等晝夜戰慄。汝戰鼓乎，向我等之敵而轟鳴，藉以威脅，擊退彼等，且混亂彼等之心。』

以上所述是吠陀時代印度音樂發達之概況。

除掉宗教的聖樂以外，還有俗樂 (laukika music)，是古來就發達的。雖然這種音樂，發達很早，但是改造成有秩序的系統，却屬於後世之事。

古代印度人對於音樂具有異常的敏感，看了彼等很能識別調子的微細變化，便能明瞭。

大乘佛教中重視音樂和歌唄，把它使用於佛德的讚美，這和婆羅門教徒無異。在後秦龜茲國三藏鳩摩羅什譯十住毗婆沙論第八卷共行品第十八中，也說音樂是供養諸佛的功德的。又據玄奘三藏大唐西域記所載，篤信佛教的印度優塡王（Udayana），大法會時，以太鼓、螺貝、箜篌、諸笛等，供養佛陀。現在暫不詳述印度佛教和音樂的關係。

印度古來述作的音樂書籍極多，不過現存的，都是比較後世的著作。就中最著的，是沙揄迦天 (Sharngadeva) 的唱和寶積 (Sangitaratnakara) 和達摩多羅 (Damodara) 的唱和明鏡（Sangita-darpana）二書。前者僅一卷，是十五世紀以前的音樂書，敍述歌舞音曲的法式，以及扮裝、演劇等的技能。這些書不僅詳說音符、旋律、拍子、唱歌、合奏、樂器等音樂的本領，並且細敍舞踊、演劇、身段等的技藝。

現在說明印度古樂，尤其是聲樂中所使用的高聲調（udātta）非高聲調（anudātta）混合聲調（svarita）等三種聲調（svara），即所謂韻節（accent）。

這三種聲調本來是朗吟吠陀聖典時使用的，第一的高聲調，是發聲高而銳，即所謂揚聲。第二的非高聲調，是低調，便是抑音，還有比較非高聲調更低的過度非高聲調（anudāttatara），可認爲眞實的非高聲調。第三的混合聲調，是從高聲調和非高聲調結合而成的混合音。

其次，觀察印度器樂的七音階。印度稱音階（gamut）爲音聚（svaragrāma）或單稱聚（grāma），它一個一個的，叫做音（svara）。在印度的音樂書中，很少舉述六音和八音的，普通是七音，叫做七聚（saptaka）。這些七音的名稱，早已見於六吠陀分中的式叉論（Shikshā）闡陀論（Chhandas）等書上，並且在後世的阿摩羅辭典（Amara-kosha）和屬於其他阿闥婆吠陀的迦爾巴祕書（Garbha-upanishad）等書內，也記載着。

左記七音表中的漢譯成語，是根據荻原雲來著梵漢對譯佛教辭典第二百十九項歌曲名目所載。

七音	略符	
具六 (Shadja)	Sha	第一音
神仙曲 (Rishabha)	Ri	第二音
持地調 (Gāndhara)	Ga	第三音
中令 (Madhyama)	Ma	第四音
等五 (Panchama)	Pa	第五音
明意 (Dhaivata)	Dha	第六音
近聞 (Nishāda)	Ni	第七音

印度的音樂書記載這七音各和特殊動物的音色相似。具六爲第一音，近聞爲第七音，是印度一般音樂書所承認的。

第一音具六的梵名是六生(six-born)之意。印度人相信這種音調是從舌、齒、口蓋、鼻、咽喉、胸等六器官發生的。而且這音調和孔雀的音色相似。

第二音的梵名，是牡牛或最勝者的意義，若是譯作神仙曲，恐屬誤謬。聞這音調，和牡牛的音色相似。

第三音的持地調，聞和山羊的音色相似。

第四音的中令音調和「帝釋鷸」（一種水鴨）或蒼鷺的音色相似。

第五音的等五，是從身體五處生出之風所生，聞和印度產的杜鵑音色相似。

第六音的明意，聞其音調和馬的音色相似。

第七音的近聞，想像它和象的音色相似。

上記是印度七音正的順序，此外還有以下諸說：

第一音　近聞

第二音　神仙曲

第三音　持地調

第四音　具六

第五音　　中令

第六音　　明意

第七音　　等五

前述的三種聲調，是應用於唱歌（gīti）的調子，現在所舉的七種音調，是調正器樂曆時（tāla）的調子。然而在聲樂和器樂之間，有密切的關係，所以近聞和持地調，對配於高聲調，神仙曲和明意，對配於非高聲調，其餘三音調，對配於混合聲調。

歐洲現代樂的音階和印度古代樂的音階之間，有無歷史的關係存在？是音樂史上引有深趣的問題。

西曆紀元第十世紀末葉，生於法國巴黎，後住羅馬屬阿勒磋（Arezzo）教會中的基督徒奎第（Guide of Arezzo, 995–1050），採取讚美洗禮的約翰尊者的聖歌各句冠字，定爲 ūt, rê, mî, fa, sol, la 等六音的音階。茲示其聖歌全部如次：

Ut queant laxis

resonare fibris
Mira gestorum
famuli tuorum
Solve polluti
labii reatum
Sancte Joannes

到了第十六世紀，比利時人瓦爾蘭特（Waelrant, 1517–1595）又加上第七音的 sî，並且以 dō 代用 ūt。聖歌末行冠字的 sa，因對其他諸音的關係上變用爲 sî。意大利已經採用 dō，不過法國至今還是使用 ūt。

一部分的印度研究者，以爲印度的音階 Sha, Ri, Ga, Ma, Pa, Dha, Ni，傳入波斯後，便變成 da, re, mi, fa, sa, la, he 了。更經阿剌伯傳至歐洲，結果爲奎第法師採用於歐洲音樂中。然而這傳說的當否，不易斷定。

印度和雅樂並行發達的，還有俗樂。不過遭回教徒的來侵，印度文物悉被破壞，所謂印度俗謠(Hindū ballad)也隨着極度衰微，幾乎在其間不能看到愛國、獨立的氣魄了。然而在其後以勇猛誇世的拉日普特人 (Rājpūts)和摩剌他人 (Marāthās) 之間，還有眞正印度俗謠存留着。其他印度俗謠，和波斯的東方情歌(Ghazal or Ghazel) 相近似。這東方情歌，是東洋抒情詩的一種，大半屬於用循環韻作的戀愛詩歌，以婦女、美酒相愛別離苦爲主題。

又回教徒把它的固有音樂，從中央亞細亞傳入印度，復經受着德利城 (Delhi) 回教王巴爾班 (Sultan Ghiyās-ud-din Balban) 優待的詩人阿密爾•柯斯婁(Amir Khusrū)之改良。按這巴班爾王，是波斯文學的大保護人，西曆紀元一千二百六十六年，承接王位。

達到高度發展的印度固有音樂（卽梵樂）就此一蹶不振，趨於衰亡之途，無疑地，是文化上的大損失。近時因爲印度人的國民意識逐漸醒覺，印度音樂也隨着趨向復興的機運了。開始從事這印度音樂復興運動的，是詩聖泰戈爾(Rabindranāth Tāgore)和同族的穆罕•泰戈爾(Rāja Sir Sourindro Mohun Tāgore)。其人是印度古代音樂的第一流學者，創辦孟加拉音樂學校（Bengal Music School）和孟加拉音樂協會（Bengal Academy of Music）等，努力復興印度音樂。他獲得印度帝國勳二等（Knight Commander of the Most Eminent Order of the Indian Fmpire）的獎勵，大概就是酬答他音樂方面的功蹟的。他曾用孟加拉語（Bengali）草成一本印度音樂小史，（A Brief History of Music in India），和印度諸樂器一同送到葡萄牙里斯本市（Lisbon）所開的第九次國際東洋會議（Ninth International Oriental Congress）。在這時送來的印度樂器中，有種珍奇的管樂器叫作 Nyāstaranga，是用咽喉機械的從外部壓之而吹奏的。

此外他還寄去梵語詩歌的印度音譜，並預備著述印度古樂，貢獻印度音樂的維持和復興之處不鮮。

其後孟買市創設教授印度音樂的音樂大學（Gandharva Mahāvidyālaya），而且印度各地也建立傳習最良的印度音樂的音樂學校和唱歌學校，多是受了該氏熱心運動所刺戟的結果。

除該氏之外，還有印度學士達瓦氏（Pandit H. H. Dhruva, District Judge, Amreli, India），

也是努力研究古代印度音樂和演劇的關於音樂吠陀的敘述，僅止於此。次就莎柯羅人倫學認爲第四續吠陀的本續文學（Tantra）一述之。

本續是又呼爲神變的一羣文學，解說呪法魔術，占卜和其他諸神變術。其中所書，大部分採取濕婆天（Shiva）和其妃多耳伽女天（Durgā）對話的體裁。按本續文學，關係釋明左列五事：

（一）世界的創造

（二）世界的消滅

（三）對神的禮讚

（四）諸願成就——尤其是六神通力的獲得

（五）和神靈融合所必要的四種禪定

成爲現代印度國民宗教的印度教（Hindūism）雖有五大宗之多，但是其中的神妃宗，（Shaktism）是以這種本續的六十四部，作爲正式聖典的。

據莎柯羅人倫學第四章第三節所載，以上述的醫方，射方，音樂，本續等四種，列爲續吠陀，約敘它的特徵如下：

「第七十一條乃至第七十二條：壽命吠陀是梨俱吠陀的續吠陀；從人體構造和醫藥的研究上闡明人類如何健康，和獲得健康的門徑。

第七十三條乃至第七十四條：射方吠陀是耶柔吠陀的續吠陀；使人對於戰鬥、武技、佈陣，得知巧妙方法。

第七十五條乃至第七十六條：音樂吠陀是使人明瞭樂器和從咽喉生出的高聲調，非高聲調等聲，以及拍子的聲法，是關於音樂之學。

第七十七條乃至第七十九條：本續是阿闥婆吠陀的續吠陀，記述對於本尊諸神呪（mantra）的六用法，使諸神呪所生的神驗無效等法，以及其他種種儀軌、修法等。」

薩克爾博士（Benoy Kumar Sarkar）根據前述，概括四種續吠陀的特徵如左：

（一）學——是教授壽命和健康的如何故為提供健康諸法則之學。

- 壽命吠陀的特徵
  - 職能的兩種
    - (二)術——使人獲得壽命和健康，故又是術。
  - 研究的二面
    - (一)人體構造的研究
      - (甲)解剖學
      - (乙)生理學
    - (二)療法及醫藥的研究
- 射方吠陀的特徵
  - (一)不單是弓箭射方之學
  - (二)是說全體之軍學
- (一)關於聲樂之學

音樂吠陀的特徵
- (二)關於器樂之學
- (三)究竟何種吠陀雖未明記以意度之恐是屬於娑摩吠陀的續吠陀

本續的特徵
- (一)對於本尊的諸神呪
- (二)諸神呪的六用法
- (三)使某行爲發生的神驗無效之諸法
- (四)在活用諸神呪或使之無效時應遵奉的諸儀軌

次論他書常認第四續吠陀爲武器論。

如若射方吠陀不單是弓箭學，而是關及全體的軍事時，那末把武器論和射方吠陀一同列入續吠陀中未免重複了。據現在穆剌里（Murāri）所作戲曲"Anargharāghava"，中稱射方吠陀爲武器明（Shastra-vidyā）。

武器論是關於 Shastra 的學科，按梵語 Shastra，狹意是指小刀、短劍、長劍等武器；廣義是指一切武器，就是弓箭之類，也包括在內。

歐洲學者常常解釋武器論是兵器學 (the science of arms) 或軍學 (military science)。這樣看來，豈非射方吠陀和武器論的異同處不甚明瞭麼?

據百步祭書和其他印度古典所載，一切武器大別爲如次的四種：

第一種　用手放射的武器 (pāni-mukta)

第二種　用機械放射的武器 (yantra-mukta)

第三種　或放射或不放射的武器 (muktāmukta)

第四種　不放射的武器 (amukta)

第一種如擲槍，擲箭等，是用腕力投擲的武器。第二種如大砲之類。第三種如棍棒、擲槍等，有時手執之，有時投擲之，是兩用的武器。第四種如小刀、刀劍等，不是從手裏擲放的武器。

古代印度人如何的勇敢和長於軍學及戰法，只要看了亞歷山大帝遠征印度的史書，便能明瞭。像這樣勇猛的古代印度人，尊重射方吠陀以及武器論諸學，無寧是當然的事實。

關於四種續吠陀的解說，僅止於此。

〔備考書目〕

（甲）印度醫方研究資料

（1） Royle: Essay on the Antiquity of Hindu Medicine, London, 1837.

（2） P. C. Ray: History of Hindu Chemistry, London, 1902.

（3） E. Wilhelm: On the Use of Beef's Urine, Pombay, 1889.

（4） T. A. Wise: Hindu System of Medicine.

（5） Edmund Hardy: Die Vedisch-Brahmanische Periode.

（6） Kawiraj Biswas: On the Ayurvedic and Yunani System of Medicine.

（7） T. A. Wise: Commentary of Hindu Medicine.

（8） Prof. Brajendranāth Seal: Positive Sciences of the Ancient Hindus, 1915.

（9） "Calcutta Review," XIII, 217, Surgeons in India, Past and Present.

（乙）印度音樂研究資料

（1） Rāja Sir Sourindro Mohun Tāgore: Hindu Music from various Authors, Calcutta,1875

（2） Mrs. A. C. Wi'son· A Short Account of the Hindu Systems of Music.

（3） Ambros: Geschichte der Musik, volume I, PP.41—80.

（4） Captain C. R. Day: The Music and Musical Instruments of Southern India and the Deccan, Edinburgh, 1891.

（5） "Calcutta Review."

LVIII, 243, Bengal Music.

LXIX, 18, Music of Hindustan.

LXXXIII, 277, Is Hindu Music Scientific?

（6） Shārngadeva's Sangītaratnākara, edited by Telang Ānandāshrama Sanskrit Series, 1897.

（7） Somanātha's Rāgavibodha, edited with Commentary by P. G. Ghārpur (Parts I.—V.) Poona, 1895.

（丙）射方吠陀及武器論研究資料

（1） Hon, Wilbraham Egerton; An Illustrated Handbook of Indian Arms.

（2） 大唐西域記（三藏法師玄奘奉詔譯，大總持寺沙門辯機撰）卷第二

（丁）追錄

印度醫學和希臘醫學，有無歷史的關係，前已一言，惜猶未十分闡明。現在追記下列數點，以資這問題的研究。

關於古代印度的醫學，德國的東洋學者約賚氏（Jolly）已經熱心研究過。印度醫學，起源於阿闥婆吠陀，想藉呪術，呪文

的神驗以治病，到了壽命吠陀系統的著作，才見有若干進步。然而這些古典裏，單是記述病名藥草以及原始的醫術等，關於醫學的科學研究，還未實行。及到佛教時代，印度醫方也隨着發見進展；古代希臘史家 Nearchus，極力贊賞印度人熟知希臘醫所不知的蛇毒治法；Arrian 也激賞婆羅門醫師能夠治療希臘人一切的疾病。不過印度醫方到達科學研究，大概在基督降生的稍前時代，迨至紀元後四世紀以及五世紀時，印度醫方已見十分發達了。

古代印度的醫學界泰斗，是蘇悉盧多(Sushruta)和遮羅迦(Charaka)兩醫聖。因爲印度缺乏這種史實的記錄，這樣有名兩醫聖的年代至今還未明瞭。哈斯博士(Dr. Haas)意見以蘇悉盧多和希臘醫學始祖希波克拉底同爲一人；以爲阿剌伯語常把 Hippocrates 呼爲 Bukrāt，以 Socrates 呼作 Sukrāt，因阿剌伯人常把 Bu 誤寫成 Su 的例子很多，所以誤 Bukrāt 爲 Sukrāt 而傳入印度的，便成蘇悉盧多了。假使該氏之說可靠，那麼印度醫學不過是移植希臘醫學罷了。然而據著者的觀察，該氏所論，未免近於牽強附會。

又德人韋柏的論斷，却和哈斯博士意見相反。其論據是：印度醫典中，未舉耶槃那人（Yavana希臘人），爲權威者，印度大醫中未見異邦人之名；印度各醫典所使用的度量衡，和希臘人無關係，是以摩揭陀國(Magadha)羯餕伽國（Kalinga），等等作論據的認定印度醫學，未受希臘醫學的影響。

據漢譯佛典所記述，推定刊於紀元後一世紀時的印度醫聖遮羅迦的醫錄，和紀元前五世紀希臘古醫希波克拉底的醫書之間，發生多數類似點，假使還不是偶然的暗合，那麼可以斷定印度醫學早受了希臘醫學的影響了，可是暗合，或影響，是無法速斷的重大問題。

並據紀元後一世紀出世的希臘大醫底阿斯科理得(Dioscorides)醫書，也說材料完全仰給於印度的。

至於印度醫學和中國醫學的歷史關係，現在還未十分明悉。不過即在唐宋時代中國所知道的藥物之政和本草，和明人李時珍費三十餘年所集成的本草綱目三十九卷等書中見着網羅印度原產的藥物，梵名和漢名的很多，就這一點觀察，可以推知中國醫學早就受了印度醫學的影響了。大概漢譯佛典中關於所有要務，病名療法等豐富的記錄，是對中國醫學提供種種材料的。

假使要從事印度醫學和中國醫學的比較研究，除去上述本草綱目之外，如金元時代李景的內外傷辨論脾胃論，元代朱震亨的格致餘論金匱鉤玄局方發揮及其他神農本草經等，是可資參攷的。

歐洲學者對於中國醫學的著述，計有斯密氏 (Frederick Porter Smith) 的中國藥劑及博物學 (Materia Medica and Natural History of China, for the use of medical missionaries and native medical students, Shanghai and London, 1871) 等。就是在中國佛僧的著書中也很多引用印度醫方來叙述病理藥物療法的例子。例如隋沙門吉藏撰，金光明經疏（全一卷）載：『病難有四，一風二痰三熱四等分。此四種各有三品，一者可治，此是新病，四大猶強也。二者恆治不差，此是四大過傷也。三者不可治，見有必死相故。』以下詳叙藥品。

唐翻經沙門慧沼撰金光明最勝王經疏卷第八載：『八術者，一者療被針刺法，二療破傷法，三療身疾，即前四病，四鬼損，五中毒藥，六療孩童，七延壽，八養身。』又印度醫典和其他印度諸學典籍一同傳譯到中國的事實，試看下列開皇十七年翻經學士臣費長房上歷代三寶記卷第十一譯經齊梁周一條中所載，便能確實證明了。

『五明論　合一卷（一聲論，二醫方論，三工巧論，四呪術論，五符印論，周二年出）右一卷，明帝世，婆頭摩國三藏律師攘那跋陀羅，周言智賢，共闍那耶舍，於長安舊城婆伽寺譯，耶舍崛多，闍那崛多等傳語，沙門智僊筆受。』

按這五明論一書，惜已散佚。又在中國佛典中，對於印度醫方，包含幾多光明的史料。據大乘大悲分陀利經（失三藏名，350—432 A. D. 譯）卷第七醫方施品第十六，有下列的記載：

『我宜集釋梵護世，餘天仙龍仙夜叉仙人仙，爲饒益衆生故，造現方藥。我即以神足，往告釋梵諸世天仙龍仙夜叉仙人仙。有山名億迦毗羅鉢帝，來集其上頂石韓陀遮羅迦大醫之處，於中造說治風水火諸大病方。』

上文的韓陀遮羅迦大醫，大概是指名醫（vaidya）遮羅迦。（Charaka）按 vaidya 譯音爲韓陀，是名醫意義的梵語。又釋尊時代的大醫，是佛教外護者的耆婆，北天竺得叉尸羅國（Takshashira）的姓阿提黎（Ātreya）字在賓迦羅（Pingala?）學道七年，載於四分律等之中。按阿提梨大醫，已如前述。

醫王耆婆的略傳，記在哈第氏（Spence Hardy）的佛教要覽（Manual of Buddhism, P. 288.）中。又在大唐三藏法師菩提流支奉詔譯大寶積經第四十八卷內，有關於時縛迦大醫王即耆婆及雪山的大醫毗伽摩等記述。又箜篌的發明者那剌陀仙（那羅陀仙）一名，也記在這經卷第一百二十廣博仙人會第四十九之中。

除一般醫學之外，他如獸醫學（Hayāyurveda, veterinary science）等方面，在古代印度，也相當發達。

第八章　六種吠陀分

以下敘述三十二明中六明所成的吠陀分。

吠陀分的梵名叫 Vedānga（吠檀迦），其義爲「保持吠陀聖典體軀的支分」（a limb for preserving the body of the Veda）。吠陀分之數普通爲六，所以又單呼爲六分（shad-anga, shad-angi）在摩笯法典裏，又呼吠陀分爲解說（pravachana）。

這吠陀分的名稱，因爲是吠陀聖典的補助部分，所以在某種意義上，是指支分著作的各組而言的；它書寫的文體，多用修多羅體（Sutra style）即所謂經書體。

所謂六吠陀分，便如前舉式叉論（Shikshā）闡陀論（Chhandas）毗耶羯羅那論（Vyākarana）尼祿多論（Nirukta）竪底沙論（Jyotisha）劫波論（Kalpa）等六部的作品。

六吠陀分的目的，最前的二分，是在正確誦讀四吠陀聖典；中間的二分，是在理解四吠陀聖典；最後的二分，是在祭祀時如法適用四吠陀聖典所規定爲目的的。

這樣看來，六吠陀分是引誘學徒研究吠陀的六支學，若不靠這補助，便不能對吠陀聖典正確誦讀和解說了。

吠陀分在漢譯佛典中，書作吠陀支論或皮陀分。據婆藪跋摩造，陳天竺三藏眞諦譯的四諦論卷第一思擇品第一中載：『於苦等諦不知，是名無明。不知四諦外四皮陀分等，不名無明。』佛教徒名六吠陀分爲外道六皮陀分，或單呼六論。

第一式乂論的梵名 Shiksha，包含學問、知識、研究諸義。因爲這論是教授吠陀聖典中的確的音節和發音之學，所以包括關於文學語勢音量發聲器官的運用，和其他一般聲音學 (phonetics) 等知識，但是主旨在特別考究吠陀聖典中關於固有美音 (euphony) 的法則。

莎柯羅人倫學第四章第三節第八十條乃至第八十一條中，說明式乂論如下：

『式乂論是適應聲調 (svara)、歷時 (kāla)、位置 (sthāna)、口筋運用 (prayatna)、發揚 (anupradāna)，抑止 (savana) 而發出各字音之學。』

如前項音樂吠陀中所述，聲調內含高聲調，非高聲調，混合聲調之三種。又相應時間而將發音分類之時，則有短音（short）、長音（long）、延音（protracted or continuous）之三種。據威爾遜（H. H. Wilson）說明，一音聲當一短母音之長的三倍，其發音須三瞬間，他若發揚，抑止等擬在聲之出處述之。

在婆羅門教聖典之一的 Taittiriya 森書（Taittiriya-āranyaka, VII, I.）裏，已經說明式叉論就是聲音學，這書在當時，似乎已經考究文字、語勢、長短音、發音法、美音諸法則了。

此外還有幾種小著裏，載着式叉論的名稱，雖然其中是敘述吠陀聖典的正確誦讀和發音等法規，但是這些書籍，都是作為吠陀聖典的補遺，成於以後的。

在印度目為研究發音學最古的遺物，是四吠陀的連聲本典（Sanhitā）。

元來在誦讀書寫諸吠陀尤其是梨俱吠陀的本典時，存有幾多的誦法（patha）。就中最顯著的，計有五種，即：連聲誦法（sanhitā-pātha）、離句誦法（pada-patha）、楷摩誦法（krama-pātha）、編次誦法（jatā-pātha）、聚次誦法（ghāna-pātha）。有時另加六誦法，變成十一誦法。

採用前述連聲誦法的連聲本典，語句隨着連聲法（sandhi）遞變的，所謂連聲法，是使音便的美妙而正當的發音法。

後來便組織第二的離句誦法，於是更加促進印度聲音學的發達了。所謂離句誦法，是不顧連聲法而將各語句（pada）的言語文字個別的讀寫其原形的方法；以這提供爾後一切研究的基礎。

但是像耶須迦（Yāska）波儞尼（Pānini）和其他古代印度的文典學者，未必都是準據離句誦法的分解法的。尤其是文典學者帕坦楂力（Patanjali），對這誦法表示反對。眞能代表吠陀聲學的學說的，毋寧說是對派書（Prātishākhya）的一羣古典。這古典是諸吠陀異流中所行特殊的美音法和發音法的著作，它和吠陀的連聲本典及離句本典具有直接的關係；因爲本旨在考究吠陀諸本典相對的關係，所以和記述吠陀言語連結的系統一同確守吠陀諸本典的正誦法而試行發音學的研究了。這些學說比較波儞尼的文典學，還要古遠。

這對派書所保存而得公刊的，計有四種：一書屬於梨俱吠陀的沙羯羅派（Shākala-shākhā），一書屬於白耶柔吠陀派，一書屬於黑耶柔吠陀的 Taittiriya 傳本，其餘一書從屬於阿闥婆吠陀。

這些吠陀的各派，為了使用而著作的對派書，便是對應諸派之書的意義。

四書之中，梨俱吠陀對派書（Rigveda-Prātishakhya）是三卷韻文的大著，相傳成於 Āshvalāyana 仙之師商那迦仙（Shannaka）。實際說來不外是屬於商那迦派諸學者的所造罷了。商那迦仙，是印度古代有名文典家，聽說除去這對派書外，還著有廣大諸神記（Brihad-devatā）一類的名著。

抄錄補遺這梨俱吠陀對派書的一小著，叫作續典（Upalekha）的文典書。

附屬於白耶柔吠陀即 Vajasaneyi 集錄的 Vājasaneyi-prātishakhya（對派書），相傳是 Katyayana 仙所作，共計八卷，在先行諸學者中，列入商那迦仙。

在 Taittiriya-prātishākhya（對派書）中，列記學者二十名之多，引起吾人特殊的觀感。這書作者業已失考。阿闥婆吠陀對派書（Atharvaveda-prātishakhya）計共四章，比其他的對派書，文典的色彩更重，相傳是商那迦仙所撰述的。這些對派書，它撰述的目的，都是將吠陀聖經的離句本典，改作連聲本與所必要的一切變化，最正確的指教出來。

前記的波儞尼大仙，聽說也曾作過一種式叉論的。其次略述六吠陀分第二的闡陀論。按闡陀論的梵名叫 Chhandas 含意是韻律 (metre) 或韻律學 (metrical science)。

普通的韻律是三大型以至七大型，但有時也有加上第八的 Viraj 的。關於這些韻律的研究和著述，便是闡陀論。韻律的敘述，散見於吠陀教和婆羅門教的諸聖典中。在各祭書裏，雖然到處散敘韻律，但是像梨俱吠陀對派書最後的三節，和 Shānkhayāna-shrauta-sūtra (聞經) 中一節 (VII, 27) 附屬於娑摩吠陀的尼陀那經 (Nidāna-sūtra) 等等，那是對這特別考究的。在賓伽羅 (Pingala) 所作的賓伽羅闡陀論經 (Pingala-chhandah-sūtra) 一部分中，也曾略述吠陀主要的韻律。這書雖然可以算作一種吠陀分，但是它的內容，主要是研究吠陀以後的梵語及 Prākrita 語韻律的名著。

據大史詩摩訶婆羅多 (I, 1554) 所載，說賓伽羅是作闡陀論的一個龍 (nāga)，所以又叫作賓伽羅龍 (Pingala-nāga)。更有人把賓伽羅目為文典書大註釋 (Mahābhāshya) 的作者帕坦楂力大仙。

這賓伽羅闡陀論經中，共有兩種註解，一種叫賓伽羅闡陀論註（Pingala-chhando-vritti），一種叫賓伽羅闡陀論註記（Pingala-chhando-vritti-vyākhyā）。

又在 Kātyāyana 仙所作的兩種檢索書（Anukramanī）裏，也各包含敘述吠陀韻律的一節，不過兩者的內容大同小異。這兩者的內容幾乎和梨俱吠陀對派書第十六節完全相同，至於年代，亦許前者比較古些。

前記賓伽羅闡陀論經，和十一世紀 Halāyudha 學士的註釋，是現在認為韻律學的權威的。

按 Halāyudha 是同義異語的辭典語彙寶鬘（Abhidana-ratnamālā）的作者。

除此之外，到十三世紀，Kedārabhatta 學士的詩律寶積（Vritta-ratnākara），是吠陀以後討論詩律的重要短篇。

又 Gangādāsa 學士所造的闡陀論牧人（Chhando-govinda）闡陀論華聚（Chhandomanjari）也是關於詩律的要典。

關於這學的文獻，如科爾布魯克（Henry T. Colebrooke）的雜說（Miscellaneous Essays）第二卷，有參攷的必要。

最後，將莎柯羅人倫學第四章第三節第九十條至九十一條所記闡陀論的解說示之於後：

『闡陀論是隨着 ma. ya. ra. 等韻律上的構案而製諸頌的學科。這學科可以說是諸吠陀的根本。』

印度人特別長於造頌法，即作詩法，甚至法典和天文書之類，皆用韻文。所謂頌，是由句構成的，但是造句方法很多。

阿利耶詩律（ārya）的詩，是二行十六句合成的。

又首盧迦詩律（shloka）的詩，是二行三十二字合成的，以八字爲一句，一頌共四句。

這詩律，使用於一般的敘事詩，是諸詩律的一種。又叫作 anushtubh 詩律。

這是最普通最有名的詩律，所以慧琳音義裏，記闡陀論定義是：『釋作首盧迦法，偈名首盧迦，〔二〕使用於其他敘事詩的，叫作 trishtubh 詩律。這詩律由二行而成，每行分兩部，各部計十一字，有時有十二字。

此外還有幾多複雜的造頌法。大概這便是印度民族喜歡作詩的證據了。

以下敘述第三吠陀分的毗耶羯羅那論。

在漢譯佛典裏音譯成毗耶羯羅那論毗阿羯喇拏論或節約而爲毗伽羅論的梵語 vyākarana，是從含義分別、區分的動詞 vyākri 轉成的；所以包含分別(separation)、區分(distinction)、等意義。到了後來便成爲文法的分解 (grammatical analysis) 或單名文法的名稱了。

前述諸吠陀的離句誦法之作者，不僅考究發音法及連聲法 (sandhi)，並且對於諸品詞之文法的分解，已具豐富的知識，這可以各書來證明的。它們業已把合成語 (compound) 的各部，動詞的前接字 (prefix)、名詞、形容詞、代名詞、數詞的語尾變化等，分離解剖了。此外它們還區別後世文典家所稱的名詞、動詞、前置詞、助詞之四品詞。在吠陀聖典用語之文典裏，給以毗耶羯羅那(即分別)的名稱，大概因爲把言語類別於品詞中，而非由言語之文法的分解而來的。例如下示漢譯佛典裏譯毗耶羯羅那論爲字本論或記論有時又譯爲聲明記論或分別記論。

△金光明經照解　四明石芝沙門宗曉述

卷下

『釋提桓因種種善論，卽天竺毗伽羅論也。亦曰記論。婆尼尼（pānini）造。明種種經書世間文字之本典籍之聲，莫不宣通。四辯訶責世法，讚歎出世，雖是外論，而無邪法也。』

卷下

『毗伽羅論，此論文字之本典籍之聲，思益經說。天竺外道經，有十八種類。』

△金光明經疏（全一卷）　沙門吉藏撰

『言帝釋善論，謂毗伽羅論，明十善等事。』

△賢首五教儀　清淅水慈雲沙門灌頂續法集錄

卷第一

『毗伽羅，此云字本，世間文字之本也。』

△涅槃經私記　唐道暹撰

卷第六

『澤州疏云外國有四大論師……第二論師名波尼尼（pāṇini），造毗伽羅論，此名記論，明一切音聲名字音句等法。』

又關於毗耶羯羅那論的名目或解說，在次舉的諸佛典裏也都有記載。

△法華論　卷上　隋吉藏撰

△婆藪槃豆法師傳　陳天竺三藏眞諦譯

△寶行王正論　陳天竺三藏眞諦譯

△大乘廣百論釋論　卷第二

聖天菩薩本

護法菩薩釋

三藏法師玄奘譯

△般若燈論　卷第二

偈本　龍樹菩薩

釋論　分別明菩薩

大唐中印度三藏波羅頗蜜多羅譯

△顯揚聖教論　卷第十二

無着菩薩造

三藏法師玄奘譯

在梵文學裏叫做聲明（shabda-vidyā），在佛教聖典裏叫做聲明論（shabda-vidyā-shāstra）的學科，是因爲考究音聲或言語的關係，大約和文典論或言語學相當，恐怕是從吠陀聖典文法論的毗耶羯羅那論裏派生出來的。關於聲明，有彌勒菩薩說，三藏法師玄奘譯，記於瑜伽師地論卷第十五等書內。又這書在卷三十八中，具述因明，聲明，醫方明，爲外道的三論。他如後魏西域三藏吉迦夜譯方便心論所記音聲外道的六十三學四句之義，大概也是關於聲明論的。

莎柯羅人倫學第四章第三節第八十四條乃至第八十五條，解說毗耶羯羅那論如次：

『毗耶羯羅那論便是文典論是依着語根（root）、轉聲法（inflection）、連聲法（sandhi）、合成法（samāsa）及性（gender）而分解諸語的學科。』

以上述完毗耶羯羅那論的名義，其次再探究這學的沿革。

文典在印度被尊爲學的眼目（shāstra-chakshus），顯著發達。在古代印度產生的諸學科中，特別進步的便是文法學和哲學。

印度的研究文典如前所述，在編纂諸吠陀的古昔已開其端緒了。目爲文法學的毗耶羯羅那論，其名目早已見於大史詩摩訶婆羅多、或婆羅門教聖典之一門陀迦祕書（Mundaka-upanishad）中了。

便是在婆羅門教聖典的諸祭書中，亦曾發見文字（varna）、男性（vrishan）、數（vachana）、格例法（vibhakti）等等文法上的用語，所以可以推知當時在言語上、文法上已經開始研究了。

據Kaushītaki-brāhmana（祭書）所記，北印度研究文法非常興盛，例如一切森書（Āranyaka）一切祕書（Upanishad）一切經書（Sūtra）等成於祭書以後的婆羅門教諸聖典中關於文法的記述都特別多。不過關於波儞尼出世以前的文法，其重要記述却在紀元前五世紀耶須迦所成的耶須迦尼祿多論（Yāsha-nirukta）的記錄中。從這書所記述的情形推斷，印度對於文法上的研究在耶須迦以前已經相當的進步了。耶須迦把文法學者區別爲北方派和東方派；又舉出先輩尼祿多諸學者（nairukta）毗耶羯羅那諸學者（vaiyākarana）將近二十人。這些學士中最顯著的是 Shākatāyana，Gārgya Shākalya 等。其中 Shākatāyana 是古代有名的文典家，不能和同名的近代文典家混而爲一。按近代文典家 Shākatāyana，是 Shākatāyana 毗耶羯羅那論（Shākatāyana-vyākarana）的作者，這文典論給反對波儞尼派的耆那教徒（Jaina）所採用。

Gārgya 聽說是娑摩吠陀的離句誦法之作家。並且相信 Shākalya 是製定梨俱吠陀的離句誦法之學者。

直到耶須迦時代，印度諸文典家已經明瞭言語的語幹和組成要素的區別，一面承認動詞人稱的語尾和表示時候的接尾字 (the tense affixes)，同時知道造名稱詞的必要，例如訖栗怛 (krit) 即根本後接字，怛提多 (taddhita) 即枝末後接字。

印度在波儞尼以前，關於言語、文典之研究最偉大的碩學者，便是耶須迦。最初說品詞 (padajāta) 裏分名詞 (nāman) 動詞 (ākhyāta) 前置詞 (upasarga) 助詞 (nipāta) 的，也是這耶須迦學士。

而且耶須迦信奉名詞出於動詞的 Shākatāya 學說。後來波儞尼的文法論，全部體系，也是以這學說作根柢的。據耶須迦說，Gargya 及若干文法家，雖然一般承認上述學說，但謂不能適用一切名詞。耶須迦把 Gargya 一派的主張剖檢批判之後，而斥爲僻說。梵文學史上出現修多羅，即經書文學時代，推定是紀元前五百年到二百年之間。但認耶須迦是修多羅時代初期五世紀的學者之說，似乎不妥。

自耶須迦到波儞尼之間，有名文法家輩出。波儞尼曾列舉六十四人以上的先輩文法學者。

印度述作純粹文典書的最初學者，却要推波儞尼。

古代印度的言語，可以大別爲吠陀語（Vedic language）和梵語（Sanskrita）。把吠陀語單純化，且加以整理而得非常變化的便叫作梵語。梵語即 Sanskrita 的含義，是洗練的言語，完成的言語，優雅純正的言語等等。按這梵語的確立，應當歸功於大文典家波儞尼的努力。

據說波儞尼的名稱，是出於其父波尼那（Pāṇina）的，而波尼那的名稱又是出於其祖波寧（Panin）的。在漢譯佛典裏音譯波儞尼的名稱爲婆尼尼，波尼尼，波膩尼，波尼儞等。據史話文學所記，他是提婆羅（Devala）之孫。又因其母是達羯式（Dākshi）之女，所以在文學裏，又叫作達羯式女之子（Dāksheva，Dākshiputra）。相傳其祖父提婆羅，是受天啓而制定法典的古仙。

關於波儞尼出世的年代，歐洲學者間，異論頗多。例如科爾布魯克叢說（Miscellaneous Essays）說波儞尼與籠罩於荒唐傳說中的神仙爲伍，當是遠古之人。又如 Goldstücker 認定波儞尼年代在釋尊以前。現時一般印度研究者，都以爲這大文典家的年代，是紀元前四世紀末葉。又因波儞尼生於印度西北部乾馱羅國（Gāndhāra）中一邑的娑羅覩邏（Shālātura），所以在文學上，又稱作娑羅覩邏人（Shalaturiya）。後代的印度人尊敬爲牟尼（muni），就是聖哲的意思。

據三藏法師玄奘奉詔譯大總持寺沙門辯機撰大唐西域記卷第二關於波儞尼大仙的傳說，記錄如次：

『烏鐸迦漢荼城西北行二十餘里，至娑羅覩邏邑，是製聲明論波儞尼僊本生處也。遂古之初，文字繁廣，時經壞刼，世界空虛，長壽諸天，降靈道俗，由是之故，文籍生焉。自時厥後，其源泛濫，梵王天帝，作則隨時，異道諸僊，各製文字。人相祖述，競習所傳，學者虛功，難用詳究。人壽百歲之時，有波儞尼仙，生知博物，愍時澆薄，欲削浮僞，删定繁猥，遊方問道，遇自在天，遂伸述作之志。自在天曰：盛矣哉！吾當祐汝。僊人受教而退。於是研精覃思，採摭羣言，作爲字書，備有千頌，頌有三十二言矣。究極古今，總括文言，封以進上。王甚珍異，下令國中，普使傳習，有誦通利，賞千金錢。所以師資傳授，盛行當世。故此邑中諸婆羅門，碩學高才，博物強識。娑羅覩邏邑中有窣堵波，羅漢化波儞尼僊後進之處。』

按大仙生地娑羅覩邏邑，在今阿托克（Attock）和白沙瓦（Peshawar）兩地附近。依波儞尼之手所成印度最古的大文典書，約由四千修多羅（sūtra）卽經條而成，所以又單呼修多羅（Sūtra），又因分爲八章，故稱八講書（Ashtādhyāyi）南海寄歸內法傳中記作蘇呾囉，那是修多羅的梵音異字。印度夙行文典的研究，關於言語系統的分解，發達到他國不能比類的程度。波儞尼的修多羅，便是表示這文典學發達的頂點，以後產生的文學，幾乎全受其支配。這書雖成於經書文學時代的中葉，但是本旨在敘述新語 Sanskrita 語的文典，所以不能不認爲吠陀以後新時代的基點。這書的權威，一度被認定以後，便覺諸前輩的文典書，遭遇不完全而散逸的悲運中了。

一千八百八十七年，彼特林克（Böhtlingk）把前述的修多羅譯成德語，在萊比錫（Leipsic）刊行。

義淨南海寄歸內法傳卷第四三十四西方學法一條內，記述修多羅如下：

『夫聲明者，梵云攝拕苾駄（shabda-vidyā）；攝拕是聲，苾駄是明，卽五明論之一明也。五天俗書，總名毗阿羯喇拏（vyākarana）大數有五，同神州之五經也。一則創學悉談章，亦名悉地羅窣覩，斯乃小學標章之稱，俱以成就吉祥爲目。本有四十九字，共相乘轉，成一十八章；總有一萬餘字合三百餘頌；凡言一頌，乃有四句；一句八字，總成三十二言。更有小頌大頌，不可具述。六歲童子六月方了，斯乃相傳是自在天之所說也。二謂蘇呾囉（Sūtra），是一切聲明之根本經也。譯爲略詮意明略詮要義。有一千頌，是古博學鴻儒波儞尼所造也，爲大自在天之所加被，面現三目，時人方信。八歲童子，八月誦了。』

又某佛典傳梵天造一百萬頌，帝釋天改作十萬頌，迦多沒羅仙作一萬二千頌，最後到波儞尼仙，減爲八千頌。

相傳波儞尼於修多羅之外，又是語根誦表（Dhātū-pātha）語聚誦表（Gana-pātha）性論（Lingānushāsana）式叉論的著者。這四書中，第一的語根誦表是網羅動詞狀詞語根二萬之數。其中八百語根，發見於梵文學中。例如南海寄歸內法傳前記條中所說明『三謂馱覩章，有一千頌；專明字元，功如上經矣。』的馱覩章，大概和這語根誦表同屬一書。

第二的語聚誦表，是集積語聚的。所謂語聚，是指稱同一文法法則所支配的語根或言語之各羣。

這類語聚，到一千一百四十年，經 Vardhamāna 所整理，產生韻文的語聚寶珠大海（Ganaratna-mahodadhi）一書。一千八百七十九年，Eggeling 把這書在倫敦公刊。

第三的性論，是講解文法上的性。第四的式义論，前已述及，茲不贅論。

此外波儞尼更傳承不規則的諸語一表。這表雖有幾分變化，但是現存的，還有郎拏地經（Unādi-sūtra）的名稱。這經是叙述根本後接字中適用範圍狹小且不規則的所謂郎拏地後接字；（unādi）還有 Ujjvaladatta 所造郎拏地經解說（Unādi-sūtra-vritti）的註釋。這註釋和本經，都於一千八百五十九年，由 Aufrecht 公刊之於德國的波昂市（Bonn）。

波儞尼在文典研究上的貢獻，略如上述。依從波儞尼文典論的，叫做波儞尼派的文典學派，當時極盛。這派的文典學者，不但採用婆羅門教六大學派之一思惟學派（Mīmānsā）的聲常住論，並且由自派手裏闡明 sphota 的哲理，使波儞尼學派在印度哲學系統中佔有地位。所謂 sphota 者，是在音聲及言語之中的運載觀念之常住和不可知的原質，於音聲發出之時，這 Sphota 運載的觀念，觸發於心。

其次略叙波儞尼確立的梵語文典論，對於後世的印度學界是如何進步和發展的？爲說明波儞尼的文典設定許多解說法則（paribhāsha）。例如十九世紀印度文典家 Nāgoji 別名 Nāgesha 所造的解說法則月頂（paribhāshendu-shekhara），便是屬於這類解說法則的一種集錄。這書在一千八百六十八年至一千八百七十一年，被 Kielhorn 刊行在孟買市梵語叢書(Bombay Sanskrit Series)裏了。

Kātyāyana 學士評釋波儞尼修多羅中的一千二百四十五經條，殘留下題名評註（Vārtika）的名著。這書目的，不單考究波儞尼解說法則的正否，並且在必要的地方，加以改正。這學士製作 Vājasaneyi 對派書和附屬於白耶柔吠陀的 Kātyāyana 聞經（Kātyāyana-shrauta-sūtra）。

關於這學士的年代，異說雖多，但一般學者認定是紀元前三世紀時的人物。Cowell 推定這學士和兼爲文典家，詩人，辭典編纂者，醫典著者的 Vararuchi 同爲一人（參照 Cowell；Prakrita-prakāsha, Preface P. vi.）。按 Vararuchi 是所謂Prakrita語明解(Prākrita-prakāsha)

的 Prakrita 語文典書之著者，並且是將屬於 Prakrita 語的諸地方語，給以體系的最初文典學者，大約在基督降生後數百年出世，所以謂爲就是 Kātyāyana 仙的一說，覺得不妥。

推定至少是基督以前或紀元前二世紀後半出世的文典家帕坦楂力（Patanjali），網羅波儞尼文典論諸先師的評註和自己對波儞尼修多羅 Kātyāyana 評註所下的新解，作成摩訶婆沙(Mahābhāshya)即大疏一書。

這大疏之中，詳解波儞尼的修多羅一千七百十三經條。Kielhorn把這大疏分爲三卷，刊於印度孟買市。現在印度發現這大疏所下的幾多註解如次：

(A) Mahābhāshya-tika.

(B) Mahābhāshya-tripadī.

(C) Mahābhāshya-tripadī-vyākhyāna

(D) Mahabhāshya-dipikā

(E) Mahābhāshya-prakāshikā.

(F) Mahābhāshya-pradipa.

(G) Mahābhāshya-ratnāvalī.

(H) Mahābhāshya-varttika.

(I) Mahābhāshya-vyakhyā.

(J) Mahābhāshya-sphūrti

(K) Shābda-brihatī.

又據這大疏的文典論，在搜集格例法 (declension) 即八轉聲的活用例一書中，有詞形開示 (Shabda-rūpa-prakāshikā)。

十二世紀文典家 Kaiyata，也是創造大疏一註的。按 Kaiyata 是 Jaiyata 之子。前記十九世紀文典家 Nagoji 別名 Nāgesha 的，把 Kaiyata 所作的大疏註，更加解說，作成Nāgesha 註解 (Nāgesha-vivarana) 一書。

註釋波儞尼的修多羅書籍，除掉前記評註及大疏之外，還有許多。例如迦尸城註疏(Kāshikāvritti），是就中最完全的註釋，作於紀元六百五十年時。題名迦尸城註疏的原因，大概是表示這文典書製作於迦尸城（Kāshi）即今貝拿勒斯市（Benares）的緣故。這迦尸城註疏的著作人，以學士婆摩那（Vāmana）爲主，並得闍耶昳底王（Jayāditya）的協助。按婆摩那是關於詩學的技巧史詩莊嚴論（Kāvyālankāra）和技巧史詩莊嚴論註疏（Kāvyālankāra-vritti）的作者。

一千八百九十八年，這迦尸城註疏一書，在貝拿勒斯市再版發行。據南海寄歸內法傳卷第四、三十四西方學法條，載名這迦尸城註疏爲苾栗底蘇呾囉（Vritti-sūtra），讚揚這書及作者之一的闍耶昳底王如次：

『五謂苾栗底蘇呾囉，即是前蘇呾囉釋也。上古作釋，其數實多。於中妙者有十八千頌，演其經本，詳談衆義，盡寰中之規矩，極天人之軌則。十五童子五歲方解。神州之人若向西方求學問者，要須知此方可學餘。如其不然空自勞矣。斯等諸書，並須暗誦。此據上人爲准，中下之流以意可測。翹勤晝夜，不遑寧寢。同孔父之三絕，等歲精之百遍。牛毛千數，麟角唯一，比功與神州上明經相似。此學士闍耶昳底所造。其人乃器量弘深，文彩秀發，一聞便領，詎假再談。敬重三尊，多營福業，沒代于今向三十載矣。』

此外修多羅的註釋書，還有語言如意寶珠（Shabda-chintāmani）語言嚴飾（Shabda-bhūshana）等。又註解修多羅一部（I, 1.）的，有語言寶珠（Shabda-kaustubha）之類。

茲已說明梵語文典論基本的修多羅評註大疏等三大書及加入的註釋末疏之主要者，以下再示這三大書所現精緻完美的文典研究之一端，此乃依後世諸學者之努力，以之爲主而活用於實際教育之目的上。

以一人而兼文典家、詩人、哲學者等複雜性格的 Bhartrihari，乃紀元六百五十一年逝世的印度天才者。在南海寄歸內法傳裏，把其名音譯爲伐掇呵利。所作文典名著之一的章句論（Vākya-padiya），却是祖述波儞尼一派的文典論的。這書分梵部（Brahma-kānda）章部（Vākya-kānda）語部（Pada-kānda）等三部。梵部一名聖言集（Āgama-samuchchaya），宣述深遠的言語哲學。在十四世紀刊行的梵教（Vedānta）大哲摩杳婆阿闍梨（Mādhavāchārya）名著

一切見要集 (Sarvadarshana-sangraha) 裏曾經引用過前述梵部中的一文。據這一文，也可推知伐撥呵利是把無始無終之法性的梵 (Brahman)，變成音聲 (shabda) 之實體的言語學之唯心論者。第三項的語部，又名雜部 (Prakīrnaka)。這章句論中把所有的要頌（即詩節，）名曰呵利要頌 (Hari-kārikā) 或略稱要頌 (Kārikā)。按呵利即 Hari 是 Bhartrihari 的略稱。要頌簡約叙教說的詩節，尤其關於哲學和文典方面，作此稱呼。在南海寄歸內法傳前所引用的條文下，舉述梵語文典研究所必須的書目中，列有伐撥呵利撰述的文典書薄迦論伐撥呵利論葦拏偈等三種。所謂薄迦論大概便是前引章句論的梵名略寫。下文是南海寄歸內法傳解說薄迦論的文字：

『次有薄迦（枳也反）論，頌有七百，釋有七千，亦是伐撥呵利所造，叙聖教量及比量之義。』

前文中所舉的伐撥呵利論，無疑是伐撥作技巧史詩 (Bhatti-kāvya)。按伐撥即 Bhatti，是 Bhartrihari 的別名。這伐撥作技巧史詩，根據許多註者的研究，深信是 Bhartrihari 所作，推爲六大技巧史詩之一。這史詩一面顯現古英雄羅摩王子 (Rāma) 的事蹟，同時把他面文章的一切形式和結構組織的應用到說明梵語文典上。從二十二品所成的這史詩，是吟詠羅摩王子討滅楞伽島羅剎鬼王羅婆那（Rāvana）的事蹟，所以原名羅婆那王伏誅（Rāvana-vadha），後因Bhatti 卽 Bhartrihari 所作，所以又稱伐揥作技巧史詩了。據這史詩第二十二品第三十五節的記載，說是七世紀時 Shrī-dharasena 王在 Valabhi 城所作。

據南海寄歸內法傳於前記條下，敍述伐揥呵利論如下：

『次有伐揥呵利論，是前朱儞議釋，卽大學士伐揥呵利所造，有二十五千頌。斯則盛談人事聲明之要，廣敍諸家興廢之由，深明唯識，善論因喻。』

對於這史詩，有多數的註書。就中著名的，如註釋家 Jayamangalla 的 Jayamangalla 註，和十四、五世紀出世詩人大註釋家摩利那他（Mallinātha）的註釋等。此外還有伐揥技巧史詩月光（Bhatti-kāvya-chandrikā）等註解。距今約一百三十年前，註釋諸詩的婆羅多仙那（Bharata-sena）也曾註解這史詩，題名愚蒙的驚覺（Mugda-bodhinī）。在這書裏，有Govinda-rāma所造言語明燈（Shabda-dipikā）一註。兼具史詩和文典書的伐揥作技巧史詩，毋疑是從古到今印度富有聲價的了。

據南海寄歸內法傳該條所載：『次有革拏頌有三千，釋有十四千頌乃伐撥呵利所造，釋即護法論師所製可謂窮天地之奧祕極人理之精華矣。』這是說 Bhartrihari 又作文典革拏的要頌，並有佛教大哲護法論師 (Dharma-pala) 的解說。這記載是否和史實相符，殊難判斷。據著者想像，這革拏的書名好像是商闍那婆阿闍梨 (Shāntanavāchārya) 所造薜多經 (Phit-sūtra) 梵名前半 Phit 的音譯。按這薜多經是述抑揚名詞聲音的名著，一千八百六十六年 Kielhorn 刊行的並且這經成於帕坦楂力以後。Bhartrihari 的章句論原本是作為貝拿勒斯市梵文叢書 (Benares Sanskrit Series) 之一而刊行的。

又在一千六百二十八年加爾各答市 (Calcutta) 把伐撥作技巧史詩的全部刊行；更於一千八百九十七年從第一品到第五品把印度人 Jayamangalla 的註解和英人 M. R. Kale 的英譯、附註、語解、一同公刊於孟買市。

這史詩的全部，印度人摩利那他的註解及印度人 K. P. Trivedi 的附註，一同刊錄於孟買市梵文叢書中，計分二卷。又這詩自第十八品到第二十二品，Schütz 把它譯成德語，一千八百三十七年，在俾勒斐爾市 (Bielefeld) 刊行。

到了十五世紀，有 Rāma-chandra 的文典家，著造語轉聲諸法月光 (Prakriyākaumudī) 一文典，因爲它的內容是實用的，努力把波儞尼的文典平明化。和這目的相同的，是十七世紀文典家 Bhattoji (Bhattoji-dīkshita, Bhattoji-bhatta) 所著的文典月光 (Siddhānta-kaumudī) 一書。Bhattoji 是 Lakshmidhara 之子，除前述文典書之外，尚有著述，例如了義月光，是對增加註解的波儞尼之修多羅，試行特異整理之有名的文典書。這書於一千八百九十四年，在孟買市 Nirnaya Sāgara Press（印刷所）刊行。

上述的了義月光，是一部簡約平顯的文典書。又如 Varada-rāja 所著略本月光 (Laghu-kaumudī)，是梵語文典的入門書，都是被印度人重用的。略本月光第四版，和英語譯本，一千八百九十一年，Ballantyne 刊行於貝拿勒斯市。再如文典月光中，此外有語言海 (Shabda-sāgara) 和其他諸註。

以上所舉，是經波儞尼派學者之手而成的要典。他如 Anubhūti-svarūpāchārya 所作著名的文典書 "Sārasvati-prakriyā" 恐怕也是屬於波儞尼派的。以下舉述非波儞尼派主要的文典書。

非波儞尼派的大文典家 Sarvavarman 受了軍神鳩摩羅天（Kumāra）即童子天的啓示，模仿神作之一的修多羅，撰述有名的文典書卡坦脫拉文典（Katantra），計有迦羅波文典（Kalāpa）鳩摩羅天毗耶羯羅那論（Kaumāra-vyākarana）迦羅波修多羅（Kalāpa-sūtra）迦羅波迦（Kālāpaka）等名稱，這是迦羅波派學徒（Kālāpa）即鳩摩羅派學徒（Kaumāra）文法論的基本要典，對於後世的文典，給與甚深的影響。對這文典書，除 Go-vardhana 所作解說書迦檀多羅文典月光（Katantra-kaumudī）之外，還有下列的幾多著作，足證如何重視這書了。

(A) Kalāpa-tattvārnava

(B) Kātantronādi-vritti

(C) Kātantra-gana-dhātu

(D) Kātantra-shat-kāraka

(E) Kātantra-chatushtaya-pradīpa.

(F) Kātantra-shabda--mālā.

(G) Kātantra-vritti.

(H) Kātantra-vritti-tīkā.

(I) Kātantra-chandrika

(J) Kātantra-dhātu-ghoshā.

(K) Kātantra-panjikā

(L) Kātantra-parishishta.

(M) Kātantra-parishishta-prabodha.

(N) Kātantra-laghu-vritti.

(O) Kātantra-vibhrama-sūtra.

(P) Kātantra-vistara

(Q) Kātantra-shabdāvali

上列書目中 (F) (M)，是集錄依照迦檀多羅文典而作的格例法範例。在非波儞尼派文典書中有名的旃陀羅撰毗耶羯羅那論 (Chāndra-vyakarana) 是紀元六百年間（一說紀元二世紀，似覺不妥）迦濕彌羅國 (Kashmīra) 學者旃陀羅哦明 (Chandragomin) 略名旃陀羅 (Chandra) 的撰述。

此外成於迦尸城註疏以後的僞新 Shākatayana 文典 (the Pseudo Shākatayana-vyākarana)，也是非波儞尼派文典書中有名的。

然而在非波儞尼派文典書中尤其重要的，是十二世紀耆那教徒喜摩旃陀羅 (Hema-chandra) 的文典書，即喜摩撰毗耶羯羅那論 (Hema-vyākarana, Haima-vyākarana)，是用桑斯克利他語（梵語）及普拉克利他語的。這喜摩旃陀羅，自一千八十九年生存到一千一百七十三年，遺留著述頗夥，是一位有名的學者。這喜摩撰毗耶羯羅那論一書，經過 Pischel 的手譯，從一千八百七十七年至一千八百八十年間，共計兩卷，在德國哈勒市（Halle）刊行。喜摩旃陀羅論文法上之性的性論（Lingānushāsana）於一千八百八十六年，法蘭克（Franke）把它刊行於德國的格丁根市（Göttingen）。又喜摩旃陀羅的鄔拏地經解說（Unādi-sūtra-vritti），一千八百九十五年，克斯梯（Kirste）刊行於奧國維也納市（Vienna）標題爲鄔拏地語聚經（Unādigana-sūtra）。

其次，就六吠陀分的第四尼祿多論（Nirukta）一述。

尼祿多的梵語，其名辭的意味是解說（explanation）及語原學釋義（etymological interpretation）之義。於諸吠陀經中難語難句，加以註解解說，爲六吠陀分之一，而得此名。

涉柯羅人倫學第四章第三節第八十六條、第八十七條，說明尼祿多論如下：

『尼祿多論是解說諸音（shabda）及言語與文章的。所以把這吠陀分，叫作諸吠陀經之耳。』

總之，尼祿多論是解說諸吠陀經中難解或不明的單語及成句的，爲特殊的語原學（etymology）。

故尼祿多一名，本來是研究吠陀經語原學的部門或其著作之總稱，但從學士耶須迦述作尼祿多論（Nirukta, Nirukti）以來，尼祿多一名便專指耶須迦的大著了。

印度呼耶須迦以尼祿多論作者（Nirukta-krit）或尼祿多論著者（Nirukta-vat）之名。

耶須迦的尼祿多論，實是唯一代表六吠陀分之一的尼祿多論者。

在波儞尼以前的諸文典家中，僅耶須迦一人的盛名遺傳於後世，就是因爲他不單是文典學者，並且是代表的語原學者。

他的尼祿多論，雖然是解說從來存在的五部諸彙表（Nighantu）但實際可目爲吠陀經的一部註疏，比較現存梵語的吠陀經註的各書要提早數世紀。

前述五部語彙表中，第一部第二部第三部，是集合幾多同義的語；第四部是網羅吠陀經中特別難解的言語；第五部是類別出在吠陀經的諸神仙。

總之，這五種語彙表，是供給教師使用，而集錄吠陀經中稀有的或難解的言語。

在五百大阿羅漢等造，三藏法師玄奘譯阿毗達磨大毗婆沙論卷第十五中所記尼健荼書，就是指的語彙集。耶須迦的尼祿多論，共計自作十二卷和後代追加二卷。耶須迦主要是把梨俱吠陀的聖歌，引作例證，依語原學的見地，註釋前舉的語彙表，幾及全部。

彼所著第一卷是究明文法和註釋諸本則的序說。從第二卷到第三卷，是解明語彙表中同義語的某事項；從第四卷到第六卷，是註釋語彙表的第四部；從第七卷到第十二卷，是解說語彙表的第五部。這尼祿多論値得注意的，是可爲吠陀經的一種註疏，同時又是古代的文典書，它的重要是用古典的梵語寫成最古的散文。至於耶須迦，雖是最古文典學者之一，但是在稱呼語幹根本後接字、技末後接字之時，却和以後的波儞尼使用同一的學語。據耶須迦的尼祿多論，梨俱吠陀在當時已和現存的本典，具有同一的形態，毫無疑義了。這尼祿多論被引用於印度種種古典中，說明梨俱吠陀中所讚美諸神的廣大諸神記（Brihad-devatā），是包含許多神話、古譚，約計一千二百頌的名著；這書以耶須迦的著作負責爲最大。

據承襲娑摩吠陀兩本派中敲頭摩派（Kauthuma）的一支派奈吉耶派（Naigeya）之本

典，關於娑摩吠陀所見諸神諸仙的兩種索引中也引用耶須迦和其他的著作。

一千八百五十二年，洛特（Roth）刋行耶須迦的尼祿多論。

這尼祿多論存有多爾伽阿闍梨（Durgāchārya）所作尼祿多論解說（Nirukta Vritti）的一註。

其次，略述六吠陀分中第五的豎底沙論，這便是觀星學。

豎底沙論，是爲了選擇最吉祥日時舉行吠陀祭儀例如朝夕供養以至新滿月祭等所發生的一種天文學的觀測法。爲研究天體運行，及據以定時之區分的學問。

然而具有豎底沙論名稱的吠陀曆書，不過吠陀末期所出的一小册。在這代表吠陀天文書和曆書的唯一小册子，有各各附屬梨俱吠陀和耶柔吠陀的自記的兩種傳本。這書的天文學思想，比較是原始的，雖知依照太陰曆定三百六十日爲一年，但是沒有述十二宮和星辰。

和前書表示同時代思想的，是天文學者迦爾迦（Garga）手成的迦爾吉觀星大集（Gārgi-sanhita）。

韋柏認定這書是紀元前五十年時的述作。

其次引高齊天竺三藏那連提耶舍譯大方等大集經日藏分中星宿品第八之二中記錄的伽力伽仙人，大概便是前述的迦爾迦。

『次復於後過無量世更有仙人名伽力伽，出現於世。復更別說，置諸星宿小大月法時節要略。』

印度的竪底沙之學，在吠陀時代，尙屬幼穉，自紀元後二百五十年時起，始開發達的新紀元。這大概是受了希臘天文學影響的結果。到了以後，印度稱天文學爲觀星明（jyotisha.vidyā），或宿曜明（nakshatra-vidyā）；於是觀星學全系（jyotisha-sangraha）處理的對象，極爲廣泛了。

據莎柯羅人倫學第四章第三節第八十八條第八十九條所載，後世的竪底沙學，不單是天文學。其文如下：

『竪底沙論是依據星辰的運行，及諸觀星大集（Sankitā）諸天宮圖論（Horā-shāstra）諸算法（Ganita）之研究，而測定時的學問。』

根據上面的定義來說，那麼豎底沙論便是綜合天文學，觀星大集，天宮圖論，數學等四大部門的學科了。

所謂觀星大集，是除去算命的占卜的觀星法，網羅所謂自然的觀星學諸要典的集錄。又把關於天文學和數學的基本要典，稱作悉檀多 (Siddhānta)，即所謂曆數全書，是和觀星大集，同一含義。

印度古來計有五大曆數全書和九大曆全數書。五大曆數全書之名如次：

（一）Paulisha 曆數全書 (Paulisha-siddhānta)

（二）羅馬迦曆數全書 (Romaka-siddhānta)

（三）Vāsishtha 曆數全書 (Vāsishtha-siddhānta)

（四）Shaura 曆數全書 (Shaura-siddhānta)

（五）Paitāmaha 曆數全書 (Paitāmaha-siddhānta)

第一是天文學者 Pulisha 所作。第二書名中之羅馬迦是南歐羅馬國及羅馬國人的意味。若說 Varāha-mihira 的大天文學者是羅馬迦或羅馬迦阿闍梨 (Romakāchārya)，那麼好像是記載特殊天文學者之名的。所謂羅馬迦阿闍梨，亦許就是羅馬國的阿闍梨之意。

在 Varāha-mihira 出世的時候，前舉的五大曆數全書，風行於世。

次揭九大曆數全書的名目。

（一）婆羅門曆數全書 (Brahma-siddhānta)

（二）蘇利耶曆數全書 (Sūrya-siddhānta)

（三）蘇摩曆數全書 (Soma-siddhānta)

（四）Brihaspati 曆數全書 (Brihaspati-siddhānta)

（五）迦爾迦曆數全書 (Garga-siddhānta)

（六）那羅陀曆數全書 (Nārada-siddhānta)

（七）Parāshara 曆數全書 (Parāshara-siddhānta)

（八）Pulas'ya 曆數全書 (Pulastya-siddhānta)

（九）Vasishtha 曆數全書（Vāsishtha-siddhānta）

右表第一和第三是同名的天文學書，別處很多。第二是有名的天文學書，說是從日神蘇利耶天直傳下來的。具有第四的書名的，也有兩部。第五書大概和前記迦爾吉觀星大集是相同的。第六書，或者也和 Parāshara 觀星大集（Parāshara-sanhita）同屬一書。又第一的婆羅門曆數全書，是紀元六百二十五年婆羅門笈布多所作，一名婆羅門(Sphuta)曆數全書（Brahma-sphuta-siddhānta）。作者 Jishnu 之子，生於紀元五百九十八年。

以上五大或九大曆數全書之中，還有註釋書，例如算法原理如意寶珠（Ganita-tattva-chintāmani），便是蘇利耶曆數全書的釋註。

比較上列諸天文曆書價值更大的，便是阿利耶毘陀（Āryabhata）和前記 Varāha-mihira 的諸著。在某書中，曾經記載阿利耶毘陀的同名大天文學者兩人，著者因為不能決定其說的眞否，故假定為一人試述。

阿利耶毘陀對於印度天文學和數學的發達，貢獻殊大。彼生於紀元四百七十六年。相傳是依據希臘天文學者的著作，在華子城（Pātaliputra）從事觀測的。

他手成的著作計有：

（一）阿利耶毘陀作篇（Ārya-bhatīya）

（二）阿利耶曆數全書（Ārya-siddhānta）

（三）阿利耶百八頌（Āryāshtashata）

第一書，成於紀元五百年時，是有名的天文學書。

其他天文學者如 Varāha-mihira 是 Āditya-dāsa 之子，殘留的著作如下：

（一）廣博觀星大集（Brihat-sanhitā）一名瓦拉哈觀星大集（Varāha-sanhitā）

（二）廣本誕生占察法（Bribaj-jātaka）

（三）三飛宿誕生占察法（Laghu-jātaka）

（四）星體進程（Yoga-yātrā）

（五）五大曆數全書續篇（Pancha-siddhāntikā）一名天體觀測（Karana）

Varaha-mihira 在他各書的末尾明記他觀測的初時是紀元五百六年。

上列五書中的第一，是最負盛名的第二書是關於占星術的廣本 Bhattotpala 學者，把它用韻文註成廣本誕生占察法頌釋 (Brihaj-jataka-shloka-vyākhyāna)。第三書是說在二十七宿或二十八宿中有三宿名曰訶莎多 (Hasta)，阿說儞 (Ashvinī)，弗沙 (Pushya)，其進行之程，可比鳥類的敏活飛翔法，因而說此三宿與人之誕日在運命上的關係。

第四書也同書名所示，是說星體星座進程的天文書。

第二和第四是同名的別書，各存其一。第三書便是略本誕生占察法 (Svalpa-jātaka) 小本誕生占察法 (Sūkshma-jātaka) 的異稱。

最後的五大曆數全書續篇，是以陳舊的五種曆數全書作基本的天文書，作者自稱這書爲天體觀測。相傳這書作於紀元五百四十年間。

後經數世紀，直到十二世紀時，稱爲巴斯迦拉 (Bhāskarā) 或巴斯迦拉阿闍梨 (Bhāskarā-chārya) 的天文學和數學的泰斗出世，發表不朽名著曆數全書頭珠 (Siddhānta-shiromani)

和其他天文書於其世紀之中葉。這書計分四部如下：

第一部　嬉有章（Lilāvatī）

第二部　因數算法章（Bīja-ganita）

第三部　算法章（Ganitādhyāya）

第四部　球儀章（Golādhyāya）

第一部是論述算術、代數、幾何的名著；解說這章的，計有算法甘露海（Ganitāmrita-sāgarī）算法月光（Ganita-kaumudī）等註釋。

第二部是論述因數算法，即所謂代數；解說這章的，計有因數算法發智（Bīja-ganita-pra-bodha）因數算法例解（Bīja-ganitodāharana）等。

第三部大概是敘說一般的算法。

第四部是討論地球儀（terestrial globe）天體儀（celestial globe）。嬉有章依賴 Haran Chandra Banerji 和科爾布魯克的英譯一同上梓了。

對於包含上列四部的曆數全書頭珠全體註釋的，有下記諸書：

曆數全書頭珠明解 (Siddhānta-shiromani-Prakāsha)

曆數全書頭珠例解 (Siddhānta-shiromany-udāharana)

曆數全書頭珠證明評註 (Siddhānta-shiromani-vāsanā-vārttika)

阿利耶毘陀和巴斯迦拉等著述中的數學，直到現今，還是數學之基本的教典。

除上面列記的各書外，還有 Bhrigu 觀星大集 (Bhrigu-sanhitā) 耶羅耶阿闍梨 (Yallayāchārya) 所作曆數全書如意草釋義 (Siddhānta-kalpavalli-vyākhyāna) 等的天文學書很多。

廣義的豎底沙論之一部門的觀星大集以及曆數全書等研究資料，如上所述，已經很豐富了。其次再就其他部門的印度占星學，即所謂天宮圖論一述。

在梵語裏，呼天宮圖 (horoscope) 爲 horā，而把研究它的占星學 (horoscopy, astrological science) 和占星學上的著作，叫作天宮圖論 (Horāshāstra)。

研究二十八宿和九曜的宿曜明（Nakshatra-vidyā）一學科，就廣義論固然包括占卜的天文學和自然的天文學，但是就狹義說僅用以稱算命的占卜的天文學，即所謂占星術是。占星術是世界最古的迷信之一，起因於一種迷執，以爲人類一生運命和天體運行有必然的關係。這術本發生於迦勒底國（Chaldea）和巴比崙國，早就傳播於東西諸國了。印度早從西方輸入這學術，便永久固執着。印度的占星者在紀元五十年間，已於羅馬市行使此術，後被尼祿帝（Nero）令其退去。

婆羅門的占星術，如前所述，似乎是從美索不達米（Mesopotamia）方面輸入的，但是後世佛教的占星學也可說是受了波斯的影響。

印度最古的天文學，雖然不是獨立發達的，但是明瞭月的軌道是二十七分或二十八分，大概是經過腓尼基（Phenicia）的商人，輸入迦勒底國天文學的結果。

另有一說，印度的二十七宿說，成於紀元前一千四百四十二年。如其這說眞實，那麽可以證明印度自古以來，便行使天文學的祭日了。在今日印度所行的季節祭中，有的說是行於有史以前，即印度雅利安民族未入印度時候；有的說是出於土蕃達羅毘荼人之間的。

就是在黑耶柔吠陀之一的退撒栗耶集錄中，也記載着關於月的諸宿。

在阿闥婆吠陀十九卷由後人追加的部分也記載着月的諸宿；不過諸宿的名稱，却和退撒栗耶集錄所載的大異其趣這便是表示後代的思想的。在印度古代社會裏，以爲月的諸宿和人類的運命有深切關係，所以完全把它神化了。印度民族，把古來的月之諸宿作爲標準，以卜誕生結婚和其他一家的吉凶禍福等。那末沒有吉祥的日時，便不能出行和做其他要務了。若是月的諸宿方位惡時，那就要滅除災厄，不能不行所謂息災法 (shānti) 的除障滅罪儀式了。

月所通過的星座 (constellation)，卽宿，印度謂之 Nakshatra。在諸吠陀聖典裏，想像這些宿是諸神或敬神的死靈之住處，而在後代的神話裏，謂神人 Daksha 之女爲月神之妻，各各住在一個宿裏。神人 Daksha 所生五十女中，二十七女是月神的諸妻，成爲二十七宿；十三女嫁與迦葉波 (Kashapa)，變爲諸天鬼衆人畜之母；其餘十女，嫁給達磨 (Dharma)，相傳是如此的。

印度占星術中的宿數，最初是二十七，後成二十八。茲舉出於孔雀王經等的二十八宿的梵名如下：

東方
- 基栗底柯（Krittikā）
- 虜喜尼（Rohinī or Brāhmī）
- 摩梨伽尸羅（Mrigashiras or Āgrahāyanī）
- 阿陀羅（Ārdrā）
- 不奈婆修（Punarvasū or Yāmakau）
- 弗沙（Pushya or Sidhya）
- 阿沙離沙（Āshleshā）

南方
- 摩伽（Maghā）
- 弗婆頗求尼（Pūrva-phalgunī）
- 鬱多羅頗求尼（Uttara-phalgunī）
- 訶莎多（Hasta）

質多羅 (Chitrā)
莎底 (Svātī)
毘釋珂 (Vishākhā or Rādhā)

西方
- 阿㝹羅他 (Anurādhā)
- 折沙他 (Jyeshtha)
- 牟藍 (Mūla)
- 弗婆沙他 (Pūrvāshādhā)
- 鬱多羅沙他 (Uttarāshādhā)
- 阿毘止 (Abhijit)
- 沙羅波那 (Shravana)
- 但儞瑟陀 (Dhanishthā or Shravishthā)
- 捨多毘沙 (Shata-bhisha)

北方
- 弗婆跋陀羅鉢柁（Pūrva-bhādrapāda）、
- 鬱多羅跋陀羅鉢柁（Uttara-bhādrapāda）
- 離婆底（Revati）
- 阿說儞（Ashvini）
- 跋賴儞（Bhrani）

印度人不單是前述的二十八宿，並且相信九曜也有管理人類運命的偉力。貝拿勒斯市等處，祭祀九曜的很多。

諸遊星以不可思議的方法，把握人類的運命，而給以影響，故印度稱曜星為執（graha）。便是大日經疏也說：『九曜又名九執。』在印度古典裏，有說是五曜，有說是七曜，又有時數作九曜。所謂五曜，便是火星（Mangala or Angāraka）、水星（Budha）、木星（Vrihaspati）、金星（Shukra）、土星（Shani）。加上羅睺星（Rāhu）、計都星（Ketu），便是七曜；再加上日月兩星，就成九曜了。

據諸種史詩文學的傳說，這九曜星都有乘車。例如日天蘇利耶（Sūrya），是乘七頭紅色牝馬曳的兵車。火星車是八頭赤馬曳的黃金車，木星車是八頭青白色的馬曳的；土星車是白黑斑馬所曳而徐行的；羅睺計都兩星之車是八頭黑馬所曳。

在這九曜星中，可大別爲吉星（shubha-graha or sad-graha）凶星（krūra-graha or pāpa-graha）兩種。

土星、羅睺星、計都星屬凶星，若欲避免其影響，便不能不營禳災法。苟人之誕生適遇這三凶星出時，便有遭逢短命或不幸之厄，爲求這些惡星的恕宥，不可不擧行祭祀。至於風邪熱病等，也是這些惡星造成的。其他六星，皆屬降生吉慶的善星。

耆那教集合日天、月天、諸遊星、諸恆星、諸宿等五類，稱爲光耀尊（Jyotishka），設定一個神階級。

印度人相信九曜星全體，是掌管各人生死命數的可怕之神羣；承認人世上的一切吉凶，多是這諸神所降生的。

因以上理由，印度人結婚幸運和其他一切希圖成功之事，必定祈禱二十七宿及九曜星，請求保護。

九曜中最可怖的，是羅睺星計都星。茲附記這兩星的俗信於下：

羅睺星是鬼神（Daitya）之一，爲 Viprachitti 和 Sinhikā 所生，原有龍尾的。諸神爲求不死甘露而攪拌乳海之際，羅睺變裝如諸神，略飲不死的靈液，卒被日月兩神發覺其不正，乃向毘瑟拏神（Vishnu）告發。毘瑟拏大怒，斬斷其頭，其頭飛入星界，藉着靈液的效驗獲得不死。這怨恨不釋，常時要吞食日月，結果便發生日蝕月蝕了。當彼頭砍下之時，龍尾變成計都星，產生彗星和可恐如隕石的子孫很多。在佛典裏，便稱這星爲彗星。

出於梨俱吠陀神話裏的蝕鬼 Svarbhānu，到了後代，便和羅睺星合而爲一了。

在印度的天文學裏，說羅睺星是龍頭，又視爲太陰通過北方時和黃道的交叉點。或說是遊星之一，是西南方的主宰者。

除上面所述宿曜之外，各月的各日，也各有吉凶。古代印度，雖把一歲中的季節（ritu）區分爲三季，或五季、六季、七季、十二季、十三季、二十四季等等，但是到了後代却普通分爲六季十二月了。

所謂六季，便是春季（Vasanta）熱季（Grishma）雨季（Vārshas）秋季（Sharad）、寒季（Hemanta）、冰季（Shishira）。這些季節都被神化，用聖歌讚美供物禮拜，春季且爲人格化戀神迦磨天（Kāma）的伴侶；另據一說，這季包含制呾羅月（Chaitra）和吠舍佉月（Vaishakha）。並且以爲熱季是逝瑟吒月（Jyeshtha）頞沙荼月（Āshādha）；雨季是室羅伐拏月（Shrāvana）婆羅鉢陀月（Bhādra-pada）；秋季是頞濕縛庾闍月（Āshvina or Āshvayuja）迦剌底迦月（Kārttika）；寒季是末伽始羅月（Mārgashirsha）報沙月（Pausha）；冰季是摩佉月（Māgha）頗勒窶拏月（Phālguna）。除此之外，還有異說。

十二月中大神驗（Mahātmya）即宗教的功德，以室羅伐拏月、吠舍佉月爲較多，尤其是閏月如Mala-māsa, Purushottama-māsa, Āhika-māsa 等閏月，這在史話文學裏要特筆的。在 Varābamihiri 的廣博觀星大集第十九品曜曆判果（Graha-varsha-phala）裏說，九曜星中特殊的是支配若干年月日凶吉的。

閏月三年一度印度的說法者，想從人民那裏獲得多大的施物，例如把前述的大神驗在大都市街路上誦讀。

滿月和月曜日重複之日，在天文上是大吉日，很適宜布施善根。相信這日布施一金，勝過他日千金的布施。

世界上沒有像印度歷書上列記聖日、祝祭日（utsava）之多的。並且在這些聖日，附帶齋期（upavāsa）、通夜（jāgarana）苦行期等條件。

齋期，禁一切肉欲，要從飲食物、香料、諸華、香油、裝飾、檳榔子、音樂、舞蹈等之遠離。

此等祝祭日以及齋期的多少，是根據太陰日（tithi）的如何而定的。各太陰月包含二十七日以上至三十日的太陰日。在太陰月三十日中，先十五日月光次第盈滿，成爲白分（shukla-paksha）；後十五日月光次第虧缺，成爲黑分（krishna-paksha）。據占星學書所載，以歡喜日（nandā）、吉祥日（bhadrā）勝利日（vijayā）滿足日（pūrṇā）爲吉祥的太陰日。現在印度一般遵守的祝祭日和齋期之數，一年之間共計十二。

具有遠久歷史的宿曜信仰，在現代印度，猶不衰退。

印度現時的占星者，是豫斷婚姻的良否，生子的男女，爭訟的勝利，投機事業的成敗，終生的運命，以及其他一切人事。現代印度的民衆，就是種痘日的吉凶，也要請占星者占卜的。

現代印度的占星者，使用一種曆書，豫測運勢。在貝拿勒斯市和那西克市（Nāsik），刊行許多曆書，這些書裏記載每日的凶吉，旅行和其他方位的善惡，天候的豫測，以及主宰各日的宿曜等。至於月之諸宿，因爲和生兒的運勢，有至大關係，所以測定時特別注意。

當牟藍宿而生子，那是大凶，在未舉行禳災式以內，父不見子面。凡屬這種運勢的人子，從來是被棄的，或過漂流生活的苦行者。

上部印度的占星者，可分二類，其中高級一類的家庭占星師（jyotishi）是使用天宮圖的；至於低級一類的禳災師（joshi），單只禳除土星所生惡運，日蝕的惡鬼，以及行看掌術（palmistry）的古法罷了。但是這種看掌術者，和吉迫西人（Gypsies）的看掌術，完全無關係。

在南印度各村落中，都有所謂五分曆師（Panchangi）的知名占星者，對於村民萬端事件，作有益的提言。這些占星者的本職，有準備天宮圖的。

從五分曆師的名稱想像起來，彼等大概是使用五分曆（Panchāngi）的星曆的。按五分曆，是處理太陽日，太陰日，宿星，觸合，天體觀測的五事的。

據洛干氏（Mr. Logan）記述，所謂五分曆師，是攜帶着一袋的子安貝和兩種星曆。

印度大蒙古帝國（Moghal）歷代皇帝，非常尊重占星學，自己也熱心研究。這帝國的福馬融皇帝（Humāyun），不但是愛好文學和科學而有教養的君主，並且對於數學和天文學，有特殊的趣味。結果，這皇帝是在觀測天文時失誤墜死的，可知他是占星學的偉人了。

福馬融皇帝之孫耶罕吉皇帝（Jahāngīr），也是信賴占星的。者是占星者認爲不是吉日，便不旅行和作其他大事。換句話說，他是靠着占星者的指示，才能實行一切事件。

其後到了奧蘭賽皇帝（Aurangzeb）時代，首都德利（Delhi），也是充滿了屬於印度教和回教的占星者。印度人自古迄今，便是占星者的忠實信徒。這不單印度人如此，就是久居印度的歐洲人，也往往相信婆羅門占星者的預言的。

荷幾斯（Mr. Hodges）任孟買省長曾有占星者預言過。荷幾斯依這占星者的預言，處理一切。並且聽說荷氏的死亡日，適當印度曆的凶日。

像泰羅（Meadows Taylor）那樣，某占星者給以一生可驚的預言，並且公言薩他拉國（Satārā）幼王的運命，可以的確的預斷。

然而一方也有印度占星者的預言，致誤國事的例子。

例如印度信德國（Sind）的台喜王（Dāhir）於紀元七百十二年，和開西謨（Kāsim）子謨罕默德（Muhammad or Mohammed）指揮的回教軍交戰之前，曾經問過占星者關於水星的位置和勝敗結果。占星者測定金星位於敵背王前，所以預言回教軍勝而王敗。當時台喜王大怒，占星者於是造水星的金像，結於馬鞍的革帶上，說這樣把水星放在背後，王軍便勝了。誰知這種企圖，失敗王大敗而被殺。

又如一千一百九十九年，回將伊克察烏丁（Ikhtiyār-ud-din），之軍侵入東部孟加拉首都的努底亞城（Nūdiah），城主拉克曼尼耶王（Lakmaniya），依占星者之言，在九時間猶豫之中，被十八名回騎兵襲擊王從裏門逃出避難到達加（Dacca）地方。

這些都是占星者妄斷傾亡國家的例子。關於印度占星學的介紹，僅止於此。其次敘述成爲堅底沙論重要部分的算法。

印度的算法學包括以下的三部分：

（A）顯數算法（Vyakta-ganita）

（B）因數算法（Bijaganita）

（C）諸線算法（Rekhāganita）

第一的顯數算法是用既知數測算的算法，所以又名算術（Pātī）。以下揭載的古典，大概是敘述這一學科的。

算術月光（Pātī-kaumudī）

算術算法（Pātī-ganita）

算術嬉有（Pātī-līlāvatī）

算術要義 (Pātī-sāra)

單稱嬉有的書籍很多，就中最有名的，是巴斯迦拉所著的數學書。在他的數學書裏，論及數學的一切。

第二的因數算法，是種子(bīja)卽因數測算法的代數。關於這一學科的權威，也是巴斯迦拉的著述。

在巴斯迦拉的因數算法章裏，除前述二註之外，還有因數算法發揮 (Bīja-pallava) 等。

第三的諸線算法，和今日的幾何相當。巴斯迦拉的著作敘述這科學的，有諸線算法 (Rekhā-ganita)。

又在十八世紀，有扎干那他 (Jagannātha or Juggernaut) 所作諸線算法及測地法 (Rekhā-ganita-kshetra-vyavahāra) 的數學書。此外關於一般的數學著作，有以下列記的數種：

算法本則如意寶珠 (Ganita-tattva-chintāmani)

算法要義 (Ganita-sāra)

算法名目聯珠（Ganita-nāma-mālā）

算法素馨（Ganita-malatī）

算法蔓艸（Ganita-latā）

算法二十五講（Ganita-pancha-vinshatikā）

上述第一的算法本則如意寶珠，是蘇利耶曆數全書的註解。

根據以上所述可以明瞭發源於吠陀幼稚竪底沙論的印度天文學、占星學、數學等，如何的在後世獲得高度的發達了。

據翻經學士費長房撰歷代三寶記卷十一卷〔譯經齊梁周〕一條所載，便知婆羅門的天文曆數，由佛僧傳入中國的情形。其文如下：

『婆羅門天文　二十卷〔天和年中〕

右二十卷，武帝世，摩勒國沙門達摩流支周言法希，爲大冢宰晉蕩公宇文護譯。』

此書已散逸，在東洋天文學史的研究上，殊屬可惜。

婆羅門的天文曆數學，也曾輸入佛教之中。據大藏經的記錄，便能發見許多關於印度天文學和占星學的資料。

在中國佛僧中，也有精通印度曆書的，如高僧傳載：『慧嚴對何承天述佛國曆法色尙黃，數尙五，八寸爲一尺，十兩爲十二兩，夏至無影，建辰之月爲歲首等。』便是一例。

就是在釋尊的大弟子中，如劫賓那尊者（Kapphina）的：『我佛法中，善知星宿者，劫賓那第一。』是通曉星宿學的。再徵之增一阿含經卷三所載：『佛言我聲聞中，曉了星宿，預知吉凶，那伽波羅比丘。』可知卽在佛陀的教團中，也有幾多精通占星學的。又有把星曆的研究，佛陀許之諸比丘的，如唐義淨譯根本說一切有部尼陀那卷一記：『比丘不知日數，居士譏，佛聽苾芻知星曆。』便可想而知了。

在大乘系統的聖典裏，混入印度的天文、占星思想，着實不少。如竺律炎共支謙譯摩登伽經二卷及同本別譯的後漢安世高譯摩鄧女經一卷，西晉竺法護譯舍頭諫經（Sārdūlakarṇāvadāna）一卷，以及東晉代失譯七佛所說神呪經四卷，唐不空譯文殊菩薩及諸仙所說吉凶時日善惡宿曜經二卷，宋天息災譯大方廣菩薩藏文殊師利根本儀軌經（Ārya-manjushrīmūla kalpa）二十卷等之中，關於印度星曆學的思想收載豐富。尤其是像那隋那連提耶舍譯大乘大方等日藏經十卷，北齊那連提耶舍譯大方等大集月藏經十卷等，都不能不認爲是關於天文占星的著作。前者(Ārya-sūrya-garbha) 成第十三日藏分，後者作第十五月藏分，一同編入大方等大集經六十卷之中。

又在大般涅槃經中，也有關於梵曆的記述。且在前記的宿曜經中，對於梵曆記載迦葉氏瞿曇氏和僧俱摩羅的三本。印度的星曆學，是和佛教一同傳入中國的。例如中國唐時密教大家一行禪師，精通印度和中國的曆學。當時從梵曆上觀察，知舊曆誤謬，於是發生改訂之議，朝廷命一行禪師充當其任。開元十二年，因爲改訂曆數，作製黃道儀，上獻於朝廷。禪師於開元十五年十一月入寂，其遺著開元大衍曆，遂於翌年問世。

相傳爲禪師著作的看命一掌金，採入印度的占星術思想也是很多。

印度的天文曆數學，以梵曆的名稱，由中國傳入日本。這梵曆、直到德川時代，便風行於日本的佛教徒間。像天保五年入寂享年八十一歲的天台宗學僧普門律師圓通把佛國曆象編五册，實驗須彌界說天地人三卷問世，大大的鼓吹梵曆，所以在文政天保年間信奉此說，倡導須彌三十三天說的佛教學者很多。

前引佛國曆象編，出版於文化七年。在實驗須彌界說地卷中，彷佛律師的學風，其文如下：

『據曆算全書所言，西洋人的筆算，原是從印度傳習的。又據一統志第九十卷日月三百三十二，廣輿記二十四等所載，西洋國的陰陽讖緯、天文、曆術、數術、音樂、醫學、文字等，完全是傳習西域默狄納麻哈馬王之法。按默狄納國，是北印度的乾國，後以其地愈益强大，並稱婆羅門，其事見於曆算全書國王麻哈馬有德行，使西洋諸國信服。現今西洋諸國所用的 A B C D 文字，就是麻哈馬的文字。其所用的點例八轉聲之法，悉爲印度之法而傳於吾黨之梵書八轉法也。筆算之法，亦從印度傳來，已言於前矣。』

上文中的默狄納國麻哈馬王，無疑是麥地那（Medina）的穆罕默德。（Muhammad）注意新近傳來的歐洲學術，維護宣傳古昔梵曆的須彌山三十三天說，普門律師之志，悲壯地評論。承繼律師梵曆方面的學系的，是天龍寺的寰中。更由寰中傳承這學術的佐田介石在明治初年，著述蘭普亡國論桑荼亡國論等書，且是遍傳自己所信於全國的著名人物。

梵曆中所謂須彌山說，是以蘇美盧山（Sumeru）即須彌山作閻浮洲（Jambu-dvipa）的中心，日月星辰旋轉其周圍，是一種神話的宇宙觀。須彌山又呼迷盧山（Meru）即迷留山，那是神話中的大山。

就上述的情形看來，印度、中國、日本三國，在梵曆方面，具有密切的歷史關係的。此外如希臘的天文學傳入印度和印度數學，尤其是代數，經過阿刺伯傳入意大利及其他歐洲諸國等，都是深有趣味的史實。

印度的婆羅門，在代數算術方面，不借重希臘人羅馬人的力量，自能發達到頂點的程度。而在天文學方面，受了二世紀埃及天文學者多利買（Ptolemy）名著"Almagest"的影響，却很濃厚。這天文學書標題曆數全書要義頭珠（Siddhānta-sāra-kaustubha），是經印度學士Jagannātha之手，而用梵語譯出的。

因此，在印度天文學書裏有希臘語的梵語化；在拉丁語的天文學書中，也能見到從梵語變化而來的學語。

使用十進法 (decimal system)，表示自一至九的數字，究竟起源於東洋呢？還是發生於西洋呢？學者間，尙乏定論。

有些學者，以爲印度的數字 (anka)，是採用表示數目的梵語頭字，關於數目的梵語頭字和印度數字的關係，只要看到印度五河省 (Panjab) 至今猶用草書體的 Lūndi 文字書寫，便能尋得其迹了。

這是世襲商人階級間特用的文字。又說代表零的記號的，是採用梵語空字 (shūnya) 意的頭字。

阿利耶毘陀的數學書，經阿刺伯代數學泰斗 Mahommed Ben Musa 於九世紀前後，用阿刺伯語譯出，同時，印度的數字也輸入阿刺伯，阿刺伯人便稱它爲印度數字了。

阿刺伯的數學者，屢屢稱揚印度數學。就是在把阿刺伯天文學譯成拉丁語之際，也把梵語含有遊星、軌道、頂點等意義的 Uchcha，作爲 Aux，而採用了。像這種例子，不遑枚舉。阿利耶毘陀數學書的阿剌伯語譯本在十二世紀以後由阿剌伯傳到意大利的佛羅稜薩（Florence），更被歐洲諸國採用於數學中。

這樣看來吾人稱爲阿剌伯數字，便是阿剌伯人以印度數字的名稱傳播於歐洲的。前記梵語中空卽零字意的 shūnya，在阿剌伯語中譯作 çifron，傳到意大利，更把 çifron，譯作 zephiro 了。在英語裏計有從零字意義 çifron 來的 cipher，和從 Zephiro 來的 zero 兩語。

如上所述，可知歐洲數學上所使用的阿剌伯數字，實際是起源於印度的。

此外，還有和上說正相反對的學者主張，近年見於法國。現在引用某新聞的記錄於下。這記錄的標題是關於數學起源的異說：

『就是在日本普通也是稱作阿剌伯數字，我們以用於數學上的數字，說是古代阿剌伯人從印度輸入而移往歐洲的，這已成一般的定論了。不過到了最近，根據法國數學者喀拉•杜•烏阿綿密研究的結果，發表於科學二十一卷所述，以爲這數字的起源，純粹在歐洲。這樣的結論，過覺突兀，固然不能取得一般人的信任，不過這樣大膽的研究，却是值得注意的。據烏阿所說，吾們普通所用的數字，是生於歐羅巴，移於波斯，不問是印度人或是阿刺伯人，都是從波斯輸入的。但是這數字，並非從字母文字轉化而來，那是秉着表數的目的，直接造成的。烏阿久居回教徒間，是非常用功而有研究的人，所以這說雖不能就承認，不過從來的數字起源說，至少是充分曝露它根據的薄弱了。和這意見相似的，有俄人布夫諾夫所發表的更足注意。』

卽印度學大家之中，也有反對數字起源印度說的。像柏涅爾博士（Dr. Burnell），便是懷疑數字起源印度之說的，以為出於印度古代彫刻中的數字，是起源於希臘。贊同博士主張的印度研究家，亦多少有之。這數字發明者問題，是非且不論。總之，印度人古來已有數學方面的智能，是可由修多羅（Sūtra）卽經書文學之一部的數種首婆經（Shulva-sūtra or Shulba-sūtra）中所載幾何思想來證明的。這經和天啓的儀式（Shrauta-kalpa）有關係，敘述幾何學的測算法及圓形變成方形的方法。這書在數學上的定理，和所謂畢達哥拉斯定理（Pythagorean theorem），似乎相同。

馬克多那爾（Arthur A. Macdonell）關於前書解說如下：

『首婆經和希臘的著作間，有幾何學上多大的關係。依照某數學研究者之說，無疑地，一種是借他的。然而排外的婆羅門，想來不致把這和聖教有密切關係的此學借自異邦人。』

現代印度人，對於數學的智能，也是傑出的，在這方面的著者，每年上梓的很多。關於數學和機械學之印度現代語的著作數，一千八百七十七年，計八十九種；至一千八百八十二年，便激增爲一百六十六種了。後至一千八百九十年，用印度現代語著作的，有二百二十五種；用英語著作的，有三十五種。

曆數學的傳入日本，以推古天皇時勸勒僧正傳來的曆法爲嚆矢。在文武天皇的大寶令裏，已見算博士之名了。塵劫記的著者吉田七兵衛，創造十呂盤以代從前的算木。彼之師毛利出羽守，因豐臣秀吉之命，於文祿年間，從大明國帶來算法統宗等數學書。這時由印度及阿剌伯而入歐洲的數字，也和洋算一同傳入日本了。日本學習洋算，最初在文久三年二月，設立數學局，命神田孝平充教師。單論數字，其傳播的歷史，已有長的年月和廣的範圍了。

至此，結束竪底沙論的敘述最後，探求劫波論。按劫波（Kalpa）的梵語，含有多義，例如聖訓（sacred precept）行作（proceeding）行法（practice）祭式（ordinance）等等。都是不過作爲六吠陀分中的一學科的，却是關於吠陀享祭，即宗教的儀式（religious ceremony）的細目之意。在佛典裏常把這梵語譯成儀軌。這樣看來，所謂劫波論，便是儀軌學或祭祀學了。在百論疏卷上之下，揭着六論即六吠陀分之一的是用柯剌波的梵音。

據莎柯羅八倫學第四章第三節第八十二條及第八十三條，說明劫波論如次：

『祭書（Brāhmana）內所有的啓示的儀軌（Shrauta-kalpa），是指包含諸祭祀的法規部分而言。至於傳承的儀軌（Smārta-kalpa），乃屬另一學科。』

據右說，於儀軌中爲啓示的儀軌，是吠陀的一部分，至於傳承的儀軌，即本於各傳承聖典的諸儀軌，却不列於吠陀分中。

這劫波論即儀軌祭祀法學，因爲是六吠陀分中最完備的，所以代表這個的修多羅（Sūtra），即總稱經書的浩瀚文獻，還有現存的。

按修多羅之 Su 由梵語 Siv 即縫字語根而出，有絲、線、綱等的意味，又表諸物結合，恰如一絲。這語更轉用爲規矩、指令的意思，或含短文、略詮、教條之義，結果便指稱由這作成的著書、教典了。

按這修多羅梵語，在佛典裏常漢譯爲經。用修多羅即經書的文體著作的教典很多，遍及儀軌，哲學、六吠陀分等方面。關於儀軌的經書，便是屬於現在要說的劫波論。代表劫波論的修多羅文學，一名劫波修多羅，即所謂儀軌經 (Kalpa-sūtra)。

修多羅可大別爲聞經 (Shrauta-sūtra) 家經 (Grihya-sūtra) 法經 (Dharma-sūtra) 三種。聞經和家經都是儀式的經書 (ritual Sūtra)；法經是律令的經書 (legal Sūtra)。

聞經是直接置基礎於聞聖典 (Shruti) 的經書。聞聖典即啓示聖典，是依諸聖仙 (rishi) 得聞永劫之常住的聖音、聖語、天啓等意。原來是指稱四吠陀聖典中的神呪 (Mantra) 和祭書 (Brahmana) 等部分，後來把祕書 (Upanishad) 也包括在內了。又把其餘關係吠陀的各書或婆羅門教內哲學諸派的聖典，雖都包容在聞聖典中，但是普通是以祕書爲限。而且成爲聞經基礎的聞聖典，專限於四吠陀聖典中的祭書部分。

祕書是對祭書思索方面的發表，聞經是承繼祭書的儀式方面，從祭書的內容，拔抄對於儀式執行的切要部分，略加詮釋，改作教條。

聞經中的舊的，成於紀元前五百年之時。佛教徒亦以婆羅門的經書體聖典，認爲最適切表現教義的。在巴利語（Pali）的初期佛教聖典裏，附有修多羅的名稱，它的性質也完全作成修多羅的了。現存的聞經，屬於梨俱吠陀有二書，屬於娑摩吠陀有三書，屬於白耶柔吠陀有一書，屬於黑耶柔吠陀有六書，屬於阿闥婆吠陀有一書。

聞經中敘述的儀式，叫作聞儀軌（Shrauta-kalpa），其數有十四。

六吠陀分中的劫波論，專門研究聞經麼？或是包含聞經和家經的研究？還是研究聞經、家經、法經全部的儀軌呢？關於這些情形，不無疑義。所謂劫波，就最廣義說，不僅祭祀的儀軌，並且是表示舊慣、法律等細規的梵語。聞經與所基之聞聖典對立，家經法經則皆正依念聖典是所謂念經（Smārta-sūtra）。

念聖典卽傳承聖典，是指神聖的傳承（sacred tradition）之全體，由記憶以傳持；又由人們之著者，書寫以傳之。

最廣意義的念聖典包括六吠陀分、諸經書、古譚、史話、法典、人倫論等一切的聖傳，

基於念聖典的儀軌，總稱念儀軌（Smārta-kalpa）。各家經都較聞經之作爲後。

在現存的聞經中，屬於梨俱吠陀者有三書，屬於娑摩吠陀者有二書，屬於白耶柔吠陀者有一書，屬於黑耶柔吠陀者有七書，屬於阿闥婆吠陀迦錫茄經者有一書。

因爲此等諸家經，詳說人們一生之間在家庭內當行四十淨式的細軌，這是探討古代印度的家庭生活重要而饒與味的資料。

其次，念經第二的法經，是述諸賢哲所承認日常生活的舊習、儀式、律令，所以一名常行經（Sāmayāchārika-sūtra）。諸法經，雖是印度律令中最古的文獻，但是對於俗事的律令，僅有簡單而且局部的敍述，專注主力於宗教的戒法，如吠陀學徒及家主的本務，禁斷的食物，諸種懺悔滅罪法等。

相傳吠陀特別學派的正規之一劫波修多羅卽儀軌經，是由聞經、家經、法經三部而成。所謂正

規的法經現存 Āpastamba, Hiranyakeshin, Baudhāyana 三經是由律令的教條所成，佔完全經書的一部。

家經和法經，爲後代法論（Dharma-shāstra）即法典的先驅。爲諸經書一部門的首婆經，還有若干存在。Āpastamba 大儀軌經第十三章，就是屬於首婆經的，內容是關於幾何學發表進步的研究。

* * * * * *

追錄

（一）有學者說，久遠吠陀時代的印度，天文學已有相當進步。據說當時印度人，已知月之通過星宿，且對應各月而分十二宮區分一年爲季節，以週、月、太陽日測定時間，觀測遊星之運行，春秋分（equinox）冬夏至（solstice）之日，以相當之精確測定之。

後經數百年，印度先覺者，測定蝕和歲差（the precession of the equinoxes），觀測月與遊星的軌道；並且試說明日之出沒，未嘗徒勞。云云六世紀的阿利耶毘陀，雖然說是從古代希臘人習得數學和天文學的知識，但是自己發見和進步之處也是很多。教人知地球以地軸爲中心而私轉，在印度當以彼爲最先者。他又是關於日蝕月蝕的眞學理之發見者。被稱爲印度數學天文學的始祖，那是應享的光榮。

在彼數世紀之前，印度人雖解代數的高等問題，但是十二世紀出於優禪尼國（Ujjayana）的巴斯迦拉阿闍梨比牛頓（Newton）來布尼茲（Leibnitz）早五百年，已說微分法了。彼所著的因數算法章裏，於前揭之外，還有克立什那（Krishna）所造"Kalpa-latāvatāra"等註。

在算術方面，發明十進法，而且用梵文字母作數字的，也是印度人。

這樣看來，印度人對於天文曆數的研究所貢獻的，實在是至重且大。

（二）古來印度民間普遍的信仰，以爲日蝕（sūrya-graha）月蝕（chandra-graha）是羅睺星即龍頭噉食日月而起的現象。在漢譯佛典中，以戰捺羅誐羅賀（ohanara-graha）的音譯，作爲日蝕的梵名。月被羅睺星之顎吞食時，發生月蝕，這在戰陀哦耶祕書（Chāndogya-upanishad 1,6,4.）裏也記過的。

因羅睺星蝕日月，而佛典遂有障月、執日、覆障、障蔽等名。羅睺的梵語是出於執握意味的語根 rabh 的，便是執者 (the Seizer) 之義。

羅睺雖是鬼神 (Daitya) 之一，但在佛教神話中，又被稱爲阿修羅王。就在梵文學裏，也有很多例子是把阿修羅 (Asura) 一名指爲羅睺的。又關於日蝕月蝕之事，在慧苑音義卷上，法華玄談卷二等書中，亦曾記及。

(三)德川末期的梵曆學者，除普門律師圓通之著作外，還有須彌山儀圖和梵曆策象編。淨土眞宗的學僧公嚴，於寬政七年從普門律師受梵曆的傳授，後來編述梵曆筆記。在這些著述裏，滿現着防止神道家及儒家排斥佛教的護法心。

明治初年，淨土眞宗一奇僧，後來還俗的佐田介石，初就普門梵曆學統繼承者天龍寺寰中禪師研究曆數，不以爲足，便依普門的梵曆策象編，反對太陽中心說。撰述天動等象記、視實等象儀詳說、須彌山一目鏡等書。

(四)在法苑珠林卷第七虧盈部，集合漢譯諸佛典的曆數說，這是探討佛教天文學有益的資料。

〔備考書目〕

(1) 日本洋學年表

(2) 川上孤山氏著大藏經索引卷第三　漢譯大藏經傳來史　第二篇本論

(3) Arthur A. Macdonell: A History of Sanskrit Literature, Chapter IX, Sūtras.

(4) Sacred Books of the East, Volume XXIX. The Grihya-Sūtras: Rules of Vedic domestic Ceremonies, Part I.

Volume XXX, The Grihya-Sūtras: Rules of Vedic domestic Ceremonies, Part II.

(5) Vaitana-sūtra, edited by Garbe.

(6) Āshvalāyana Shrauta Sūtra, edited by Vidyāratna.

(7) Kaushika Sūtra, edited by Bloomfield.

(8) Sacred Books of the East, Volume II. The Sacred Laws of Āryas, Part I. Volume XIV, The Sacred Law of Āryas, Part II.

(9) Shway Yoe; The Burman 1, 9, II, 95.

(10) Waddell: Buddhism in Tibet, 450 ff.

第九章　五種之見

在印度，稱哲學的系統（Philosophical system）爲 darshana，即「見」之一語。此「見」字，有「見解」（view）及「教說」（doctrine）之義。

那麽，「見」之一語，一般和「哲學」同義而使用了。「見」之原語 darshana 的語根，是含有 drish（見着）的意義的。

那麽，「見」是「肉眼所見」之意味。但如以眼耳鼻舌身五根作門戶，而以心意見之，那就叫做「心眼所見」了。倘更以神智、靈覺見之，又叫做「靈眼所見」了。這靈眼所見之眞理，是依禪定三昧而開直觀智所見的眞智。印度哲學諸派，便是正依這眞智而成立的。印度出現幾多之「見」，即「哲學」，其中婆羅門教內佔居正統派的地位，共有六見。據莎柯羅人倫學第四章第三節第五十五條以下所載，僅以思惟派、正理派、數論派、吠檀多派、瑜伽派等五見，列入三十二明中；把遺漏的勝論派之教義，說明於同章第九十四條第九十五條內，至此方把婆羅門教的六見完全揭示。

今依右記之順序，先述三十二明中的五明，即五派哲學，然後就遺漏的勝論派附記于末。

五見之第一即思惟派（Mīmānsā），又稱前思惟派（Pūrva-mimānsā）行思惟派（Karma-mimānsā）法思惟派（Dharma-mimānsā）。

因爲後述的吠檀多派，叫做後思惟派，故思惟派可分兩大系統，不過單稱思惟派時，那是專指前思惟派的。故單稱前思維派爲思惟派，亦無不可。

據偈本龍樹菩薩造、釋論分別明菩薩造、大唐中印度三藏波羅頗密多羅譯般若燈論釋（Prajnā-pradīpamūla-madhamaka-vritti）卷第十三釋觀如來品第二十二中所記執聲常住論的彌息伽外道，是思惟派，一名 Mīmānsīkā 乃思惟派學徒意味，爲梵語 Mīmānsaka 之音譯。

前思惟派後思惟派名目上之差別，決非與時期之先後有關係。廣義的吠陀聖典有二大別，是爲行部（Karma-kānda）即儀式部，和智部（Jnānakānda）即思索部。行部由神咒部（Mantra）即本集，和祭書（Brāhmana）即儀式書所成；智部則包含祕書（Upanishad）及與之接近的聖典。

如以行部比基督教舊約聖書，則智部正可當新約聖書。

吠陀聖典前部的行部聖典，以思惟考究之目的而現出之，此即前思惟派，一名行思惟派。對於行思惟派而起思惟考究吠陀聖典後部即智部之目的，此即後思惟派，亦即吠檀多派。如以前思惟派比作猶太教，則後思惟派，可當基督教。

前思惟派之開祖闍伊彌尼 (Jaimini)，除想像彼爲非凡的婆羅門大仙之外，其年代事蹟等，全不明瞭。

彼名不見於吠陀。據韋柏教授 (Albrecht Weber) 說：吠陀上的 Jeman 人名，不知即闍伊彌尼否。

在娑摩應用祭書 (Sāma-vidhāna-brāhmana) 一名娑摩儀軌 (Sāmavidhi) 卷末的傳統表 (avnsha) 裏：以彼爲 Parāshara 之子，毘耶娑大仙 (Vyāsa Pārāsharya) 之弟子。又記是 Paushpindya 的教師。

又在毘紐史話（Vishnu-purāna, iii, 6, 1, 4.）內以彼為 Paushpinji 仙的教師，據薄伽梵史話（Bhāgavata-purāna）和風天史話（Vāyu-purāna）說：彼從毘耶娑大仙承受娑摩吠陀。摩訶婆羅多說：Janamejaya 大王蛇祭時，闍伊彌尼以調僧的資格祇奉。其他印度古典也常見其名稱，可知彼乃有名的聖哲。

號稱無歷史國的印度，於哲學諸派之年時皆乏確定的史料，關於前思惟派及後思惟派之出現年代，至今猶未有定說。

據吠檀多經的譯者 G. Thibaut 之說，關於前思惟派所考究主題的議論，起於遠古時代，就「彌曼薩」即「思惟」的一語，早已在論究儀式的用語裏表現了。比較起來，後思惟派的考究，遠在以後。綜合諸大家很多的研究，前後兩思惟派，整然成為一派，比釋尊出世還要後得多。Macdonell 認定兩思惟派興起的年代，是紀元初期。如韋柏教授所說，後思惟派成立於紀元後四世紀或五世紀，兩思惟派都較數論派為後，由現存的系統改造的。大概兩派的成立，皆後於佛陀出世；前思惟派先起，其後相隔至某時期，方發生後思惟派。

前思惟派正依的本經，是始祖闍伊彌凡所著的思惟經（Mīmānsāsūtra）別名闍伊彌尼經（Jaimini-sūtra），計十二卷。

這書共計十六講（adhyāya），所以在一切見要集（Sarva-darshana-sangraha）等書裏，叫作十六相（Shodasha-lakshana）。

本經是用修多羅卽經書的文體做的，以簡約難解爲特色，要想理解其眞意事屬困難。

現存諸註中，最古的要推學者沙巴拉（Shabara-svāmin）所著的思惟經大疏（Mīmānsā-sūtra-bhāshya）了。這書還有思惟大疏（Mīmānsā-bhāshya）沙巴拉大疏（Shabara-bhāshya）等別名。作者年代不明，大約是紀元後五世紀時的學者。

到紀元七百年時，有位大學者鳩摩利羅（Kumārila），別號 Kumārila-bhatta Kumārila-svāmin，在這學派中顯露頭角，爲婆羅門教復興運動先驅者。鳩摩利羅把思惟經大疏更加註解，造成二部名著。

其一是對思惟經大疏批判的註解，叫做思惟經要科評註（Mīmānsā-tantra-vārttika）；他是用偈頌卽韻文來義解大疏，叫做思惟經以偈評註（Mīmānsā-shloka-vārttika）。

沙巴拉和鳩摩利羅的註解，不僅發揮本經的眞義，並且補足本經不備之處很多。

此外，註解本經的，還有數種。例如和鳩摩利羅有因緣的 Prabhākara 及 Pārtha-sārata-mishra 兩學者的本經註解，書名都叫作論燈（Shāstra-dīpikā）。

又爲本經的附錄的，有 "Sankarsha-kānda" 一書。

揭示思惟派哲學的綱要，並發揮本經眞意的闍伊彌尼仙正理蔓廣布 Jaiminīya-nyāyamāla-vistara）是十四世紀大學者摩陀婆（Mādhava）所著的，Goldstücker 刊行本書，E.B.Cowell 完成之。又關於這學派的初步著作，有 Rāghavānanda 的思惟派華聚（Mīmānsā-stabaka）一書。

此外，有 Bhava-natha-mishra 的思惟派要諦分別（Mīmānsā-naya-viveka）和近世學者 Laugākshi-bhāskara 的諸義要集（Artha-sangraha）等著。

這學派的碩學很多，以中興之祖鳩摩利羅爲最偉大。不僅殘留着宣揚思惟派的大著，並且手成摩拏派聞經（Mānava-shrauta-sūtra）第一部註釋的摩拏派儀軌經（Mānava-kalpa-sūtra）等。

關於這一學派教理的重要敍述，載在一切見要集中。又在六見論（Darshana-shatkam）內，有詳細說明思惟經內容的思惟經章（Mīmānsa-sūtra-pada）。其他如 Somanatha 的"Mayūk-lianidhi" 也是思惟派研究的好資料。

在這派根本聖典的思惟經之中，引證閣伊彌尼大仙，固可爲典據，但其他無關的一般大仙也認作思惟經的作者了。本經計分十二卷共六十章（pāda）。一二卷各四章，三卷八章，四五卷各四章，六卷八章七八九卷各四章，十卷八章十一十二卷各四章。

若細別那六十章，共有論題（adahikarana）九百十五，經條（sūtra）二千七百四十二。但據摩陀婆的計算，祇有二千六百五十二經條。

前後兩思惟派把既存的聖典吠陀加以思惟考究，固然有互融異義的事實，不過各個考究的對象，卻是不同的。

前思惟派的研究主題，是四吠陀本集和諸祭書中的儀軌以及言語等。反之，後思惟派以探求最高實在的梵（Brahman）為目標。這樣兩派思惟的對象雖異，但同是正依吠陀聖典，所以在婆羅門教正統六派中，仍目為純正的正統派。前思惟派雖乏哲學的思想，但與後思惟派有密切不離的關係，所以可數入哲學系統。歐洲學界多不顧及這學派，大概因為很少惹起哲學的興味吧！

思惟經所考究議論的九百十五論題，普及很多的方面。

為了議論這些論題的緣故，想出一種五段論法的考案。所謂五段論法，第一是應當論證的宗義（vishaya），換言之，便是議論的對象；第二是關於論題所起的疑義（samshaya）；第三是前分，便是反對的見解（pūrvapaksha）；第四是後分，便是被承認的命題（nttarapaksha or siddhānta）；第五是合成（sangati）。

又關於認識根據的智量，成立為三量，現量即感官知覺，比量即推論，聲量即吠陀聖典；後世學者 Prabhākara 又增譬喻量即比較，義準量即推定的二量。鳩摩利羅更加上無體量即消極的論證，共成六量。

雖然有這樣許多的量，但是事實上僅正依聲量即吠陀聖典而已。其他各量，不過是爲確知吠陀言語、眞意的補助方法罷了。

依這些諸量爲認識的對象，有吠陀聖典中業部的神咒和祭書。業部中神咒，不過是正解儀軌(vidhi) 的補助資料。至於祭書却包括儀軌及其義解 (arthavāda)。

照以上所述，思惟派之目的在考究吠陀聖典所說的祭祀，以如法實行爲本務，即所謂法(dharma) 並探求祭祀之目的、順序、意義、功德的所在，而依「法之思索」(dharma-jijnāsā.) 特別是依儀式之正解，以擁護吠陀之神聖無謬。這便是此學派的最高使命。

這派於吠陀所說之法即本務中，雖行祭祀的正修，却未必要招致一時的或求久的福利，關於受納祭祀的神靈之存否，付諸等閑，事實上只有把吠陀聖典神靈視之。

所以印度學者 Banerjea，在所著 "Vidran-modatranginī" 中，判斷思惟派是無神論者。印度學者達特 (Dutt)，也評論思惟派雖是正統學派，而陷於無神論中。

此派見解，亦許以爲只要如法自行本務，必然獲善報於將來，至於神靈之存否，是無用的議論。

然而後世的思惟派學徒，以爲祭祀是對於神靈的祇奉，能行之而得解脫。

這派傾全力於吠陀聖典業部之研究；而爲其副產物的論理學和言語學，遂別開生面。這派的論理學，前已一言，現在祇述言語學方面的奇談。

這派以爲吠陀聖經與天地之創造同時發現，由諸聖所感得，由人類所信從，而成永劫常住之天啓。彼主張非人的作爲，所謂非人爲（apaurusheyatva）者。如聲（shabda）非由音及器官而生，乃不生而常住者，僅由耳而感覺之。是故依聲而成的吠陀聖典爲常住不滅者，於是以吠陀不滅論爲基礎而倡言辭常住（Vāchā-nityayā）聲常住（shabda-nityayāti）的新說。佛典呼爲聲論派的大概就是這派，不然那或者是波彌尼大仙的言語哲學派了。

佛典中的聲論，也有聲生論和聲顯論的二派。

所謂聲生論，以爲聲本無先天的存在，但是一度依因緣而發生之後，便永遠常住了。所謂聲顯論，以爲聲本來常住，但是依因緣而發顯的。佛典中有時省稱聲明論爲聲論的，不可和思惟派的聲論相混。思惟派在哲學上雖乏價值，但是印度迄於近代，有相當的信奉。此派學徒 Shri-guuna

與十二世紀迦濕彌羅國詩人，作史詩 Shrikantha 所行 (Shrikantha-charita) 的曼柯 (Mankha)，是同時代。

〔思惟派研究資料〕

（1） Mīmānsā-darshana, edited with Commentary of Shabara Swāmin (Bibliotheca Indica), Calcutta, 1887.

（2） Tantravārttika, edited, Benares, 1890.

（3） Shlokavārttika, fase, i, ii., edited with Commentary, Benares, 1890.

（4） Jaiminīya-nyāy-mālā-vistara, edited in Ānadāshrama Series, Puna, 1892.

（5） Arthasangraha, an introduction to Mīmānsā, edited and translated by C. Thibaut, Benares Sanskrit Series No. IV., Benares, 1882.

其次，說第二的正理派 (Nyāya)

這一學派，因和勝論學派很有密切的關係，所以後人當類別印度哲學諸派時，往往機械的把兩派作爲一對或一體。兩派與數論派及吠檀多派等有異，不外是集合範疇而分類之敷演之的一種類別法（classification），本來不是一個哲學的體系。

句義（padārtha）即範疇的學語，在用法上雖有不同，但爲兩派共有的名目。正理派學語之一的語言分別（avayava，）亦見於勝論經（IX，2，2.）中，但不能以此一事，就斷定正理派的出現，較勝論派爲早。勝論派較正理派早出，是學界一般的定說，並且從種種方面可以肯定正理派的教理，其根本的組織，是從勝論派得來。

正理派論理學的思想之萌芽，已發見於祕書文學中了。如 Brihadāraṇyaka 祕書中的四大論議等，能將古代之論議法明示吾人。

從來以教權爲決擇論爭唯一之證典，但經時代而有對於聖典爲論理的辯護之必要，於是論理學及關於論議的文學起來了，這大概便是正理派最初的基礎。

正理派的梵名尼夜耶，（Ny-āya）是含義『到底』的 ni 和含義『行去』的 i or ī 的合成語，本來是『事物還歸原態』的意味，後更包有標準、方法、法則、特別是有普遍的法則、公理諸義了。

這學派之名，附以標準、法則等一般的意味，當然是有的。像現代印度學者阿難陀阿闍梨（Ānanda-Āchārya）以爲 Nyāya 學派的名稱，含有規範（norm）之義，想來是適切的解釋。然而有一部分學者，在這學派所立的十六諦之中以處理 Nyāya 卽論式的第七語言分別諦，最爲重要，所以 Nyāya 卽論式，成爲學派之名了。又有一說：這派活用右述的論式以爲論究形而上及形而下的諸問題，因其是『儳雜』的，所以名爲：『儳雜學派』，而尼夜耶卽儳雜的意義。

按 Nyāya 一語，在漢譯佛典裏，翻譯成正理二字，今從之。

這派的始祖，是 Gotama 大仙。有時書作 Gautama，是不正當的。印度與之同名的人很多，難別其異同。

這大仙又有目足（Aksha-charana, Aksha-pad, or Aksha-pāda）的異名。漢譯佛典倒譯成足目。所謂目足的略名，大約是讚美他有照顧脚下的慧眼。

起源於正理派的印度論理學，卽所謂正理明（Nyāya-vidyā）。但因明之名，遍傳中國日本，始祖足目仙人的種種記述，散見於因明諸書中。

例如因明大疏瑞源記云：『此是劫初大梵天王，化作此仙，愍世愚癡，說因明法，流布世間。』又云：『因明之法，無始有之，足目仙人知過去事，憶昔所聞，故於劫初，流布人間。』等等神怪的傳說。

關於足目一名稱，即因明一書，亦具二說。其第一說以為足者多也，目者慧也，表示智慧多，故曰足目。另一說，以為足即脚，表示脚下有目，故名足目。

佛典謂 Gotama 大仙是一菩薩，或謂即數論派開祖迦毘羅大仙，或謂是勝論派的學者。

這派現存聖典中的最古的，是始祖手成的本經正理經（Nyāya-sūtra），共計五卷八十四品五百三十八經條。各卷分做兩個一日程（āhinika）即所謂課。第一卷二十章，第二卷十三章，第三卷十六章，第四卷二十章，第五卷二十四章。第一卷可目為全經的總論。這派的根本教理十六諦中，前九諦敘於第一課（I,1–41），其餘七諦，述於第二課（I,42–61）中。

諦字的梵名 padārtha，亦可譯作句義。這語在正理派使用為『要題』之意。至於勝論派，卻把這語，用作範疇（category or predicament）一義了。

在正理經第二卷中敘述疑（sanshaya）量（pramāna）；第三卷和第四卷是敘述所量；第五卷是敘述諍論（jati）和墮負（nigraha-sthāna）。

第一卷是簡述十六諦。十六諦第一的量，是論爭的武器『得正智的手段及基準』（means of knowledge）。第二的所量。爲論爭之根據，即『依正智而得量知的對象』（objects of knowledge）。

第三的疑，爲由「同似」或「矛盾」而來的『疑點』（doubt）。

第四的用（prayojana），是論難的『目的及動機』（purpose or motive）。

第五的譬喻（drishtānta）是萬人同解之普遍的『例證』（instance）。

第六的悉檀（siddhānta），是『被承認的命題』（established truth）。

第七的語言分別（avayava），是『推理論式的各支分』（member or component part of logical argument）謂之正理（nyāya）。

第八的思擇（tarka），是以認識眞理爲目的之『思量』（inquiry）。

第九的決（nirnaya），是依論證而顯現的眞理，換言之，便是『結論』（conclusion）。

以上九句義，是互有關聯的，以下七句義，是應當區別的。

概觀此剩餘之七句義，其現於論爭時的謬說。第十的論議(vāda)，是研究的『論議』(argumentation)。第十一的修者議（jalpa），是僅爲求勝『威壓的應答』(overbearing reply)。第十二的壞議（vitandā），是以似而非的理由，妄行反對，發無目的『戲論』(idly carping)。第十三的似證（hetv-abhāsa）又曰似因，是『誤因即媒辭』(fallacious middle term)。第十四的難難(chala)，是爲避難點而用的『遁辭曲言』（deceitful disputation)。

第十五的諍論（jāti）是基於類似或差異而生之背理。

第十六的墮負（nigraha-sthāna)如主張有轉換或廢棄之時，至於以上論議不適當的地位。

考查以上十六諦之時，便能理解正理派教理的綱要。

第一諦的量，又呼智因，智量，智源，意即可依據以得正智（pramā）的手段（sādhana）方便（karana）。總之，量爲認識之規範及方法。

各派所立的量數不同。正理派設立四量，計：現量（pratyaksha)即感官知覺（sense-perception），比量(anumāna）即推論，(inference)，譬喻量（upamāna）即比較或類推（comparison or analogy），聖言量（āptavachana）卽可信的證典(trustworthy testimony)。

第二諦的所量是由前記的四量應當認識的一切對境，計有十二之數，卽我（ātman, self or soul）身（sharira, body）根（indriya, senses）境（artha, sense-objects）覺(buddhi, understanding）意（manas, mind）動（pravritti, activity or will）失（dosha, faults）轉生（pretya-bhāva, future life）果（phala, rewards of deeds）苦（duhkha, suffering）出離（apavarga, emancipation）。

這十二所量，可以和原始佛教所說的十二因緣（nidāna）相比擬。十二所量中的前六目是舉生物和宇宙的一切，第五之覺有眞妄兩種，其一的妄智（mithyājnāna），是和佛教及吠檀多派所說的無明（avidyā）相當，是生死輪迴的本因。

以心根、語、身而企圖，卽第六之動，亦卽活動；由第七之失生來，於此有善惡之別。失卽過失，是以陷於貪愛（rāga）罪過（doshā）尤其是忿怒、愚癡、（moha）的特性。

直接由動間接由失而生的必然之結果，是由身、心、根之反復的結合而成立之結果。第九的轉生，是被支配於上述的生死因果律之靈魂，爲了償前生業報，不得解脫而永遠繼續於生死輪迴。

第十一的苦，是隨伴着生存所必有的苦惱，從過失、活動所發生出來的。快樂亦是相對的，故畢竟是苦。自十二所量中的第七到第十一，都是關於生死輪迴的。

第十二的出離，是由苦惱及轉生，而得無限之脫離。故出離是最高理想的解脫境。

正理派立十二所量，爲論理的思辨之主題，說迷悟縛脫之因果法，以示可至於究竟解脫的方法。

關於生死輪迴的所量中，失和佛教的三毒煩惱相當，動和佛教的善惡業相似。

解脫生死輪迴而成就出離，如正理經第一卷第二經條所云：『苦（duhkha）生（janma）動（pravritti）失（dosha）妄智（mithyājnāna）之續起（uttarottara）皆斷滅，則先因亦斷滅而成出離。』故五因緣之連鎖不可不斷。覺有眞智妄智，妄智（卽無明）爲根因而生失（卽煩惱，）

由失而爲動（卽業）其結果受生感苦是輪迴相續的狀相。

斷滅五續起而成出離，如經第一卷第一經條所云者不可不通達這派所說的十六諦義，依其論理的思辨而開眞智。

出離是解脫苦惱的無上境，旣到此境，不再入輪迴，永遠超越恐怖、慾望、生滅。

右所述五續起之說，和佛教的十二因緣說僅有廣略之差。又解脫惑、業、苦之斷滅，亦佛教正理派共同的思想。其他分煩惱爲貪欲、瞋恚、愚癡三毒，分業爲身、語、意三業，二教實同一軌。至於二教之先後及史的關係在此論以外，然兩者思想之多類似，是無疑的。

正理學派的特色，雖在於論理研究，但其究竟目的，爲依論理的眞智而達到解脫。關於這點與漢和的因明及西洋論理學相異，所以評爲是兼有宗教、哲學、心理學等的。雖此派之目的，在於現證出離，但其出現的本意，實爲論理研究，故如就十二所量而言，只可評爲副產物了。

將這所量諦與疑諦、用諦等置於同列，並關於所量的論述，可知非組織不完全者。

下敍其餘諸諦中的特別重要的。

第五諦的譬喻，在這派五段論式中現爲第三的喻（udāharana）而顯現出來的。

第六諦的悉檀，共有四種區別，在這派五段論式中現爲第一的宗（pratijnā）和第五的結（nigamana）。

第七諦的語言分別，關於正理即論式，說完全的理論。

從本質觀，這論式依據比量而結合喻與悉檀者，是印度所存論式中的最古之形。

這論式由五段成故，一段呼爲五支作法（panchāvayava），五支名目如次：

第一支　宗（pratijnā）即當證明的命題。

第二支　因（hetu）即證明命題的理由。

第三支　喻（udāharana）即例證。

第四支　合（upanaya）即理由之適用。

第五支　結（nigamana）即結論。

右與希臘亞理斯多德（Aristotle or Aristoteles）三段論法（syllogism）相較，第一支

之宗與第五支之結，相當結論；第三支之喻相當大前提；第二支之因，與第四支之合，相當小前提。略示實例於左：

第一例

（宗）聲是無常。

（因）所作性故。

（喻）譬如瓶等。

（合）瓶有所作性，瓶是無常；當知聲有所作性，聲是無常。

（結）是故得知聲是無常。

第二例

（宗）此山有火。

（因）有煙故。

（喻）有煙處有火，如竈。

（合）此山有煙。

（結）故有火。

上述的五段論式，一般知爲古因明的五支作法。

後來佛教家陳那（Dinnāga），僅從五支作法中取出宗因喻，加以改良，作出新因明的三支作法。

在正理經和其他之中，存有種種有興味的論理學思想，不再申說了。

正理經第五卷，雖是說檢討論議過失的諍論和墮負之法，但和前四卷大異其趣，好像作者不是同一人。

例如第一卷，雖未揭載諍論和墮負的定數，但在第五卷裏，却把諍論分作二十四，又將墮負也分類。

那末，正理經全五卷大成時，當在開祖滅後了。

正理派因爲是勝論派的補充或發展而成的，所以關於哲學、宗教、心理學的思想，兩派無大差。

兩派都有分拆的學系（Analytical system）。

正理派的特色，是把形式論理學集大成，供後世哲學上諸研究。後世正理派學徒，其主要努力於量之研究。

下述正理經諸註以及關於正理派的著述等。

正理經現存的，有時代不明的 Vātsyāyana 所著的正理經大疏（Nyāya-bhāshya）。有學者把這著書人當作 Pakshilasvāmin。在五世紀後半，有佛教的陳那菩薩出，首創新因明，排斥正理經大疏的舊說。元來因明之學，是從正理派的論理學說生出來的。在慈恩大師的因明入正理論大疏中，揭着因明的梵名為醯都費陀（Hetu-vidyā）；並且以第一因之明；第二明之因；第三因與明異；第四因卽明；第五屬在何教等五釋義，解說因明的名義；又云：『劫初足目，創標眞僞』讚揚正理派的教祖。

然而同書裏又說：『因明論者，源唯佛說。』佛教的因明，也可視作印度論理學的發源了。

正理派的論理學，以哲學宗教等作研究的基礎學，而為諸學派之學。已在龍樹菩薩（Nāgārjuna）的迴諍論（Vigraha-vyāvartanī）等書中，揭舉正理派的四量了。

又相傳爲彌勒菩薩（Maitreya）的瑜伽師地論（Yogāchāra-bhūmi）百卷之中，到處都有說正理學派系的論理學的發表，新研究很多。

又無着菩薩（Asanga）和其弟世親菩薩（Vasubandhu），都是通曉論理學的。前者在其著顯揚聖教論卷第六，大乘阿毘達磨雜集論（Mahāyānābhidharma-samuchchaya-uyākhyā）卷第十五及第十六中，詳細地記述印度的論理學；後者在其著如實論佛性論和唯識二十論（Vinshatikā-vijnaptimātra-siddhi）等之中，也都觸及印度論理學。

以上諸師都屬古因明學系。到了陳那，代替古因明的三量五支作法，倡二量三支作法，對於印度論理學界，放一異彩。

佛教徒研究論理學，爲破除邪論安立正道而起。佛典中因明多佛教內之教理。關於陳那的因明著作，現存的有因明正理門論（Hetu-vidyā-nyāya-dvāra）一卷和其異譯本因明正理門論本一卷，收納於大藏經中。

據大唐三藏法師義淨所著南海寄歸內法傳卷第四，揭載陳那所著的八論，爲研究因明的要典。八論如下：

（一）觀三世論　（二）觀總相論　（三）觀境論　（四）因門論

（五）似因門論　（六）理門論　（七）取事假設論　（八）集量論

以上八論中義淨譯的集量論（Pramāna-samuchchaya），早經散失，不過往年英國達斯氏（Shri Sarat Chandra Dās）發見這書的西藏譯本，在大喇嘛文庫中，該氏曾在佛教聖典協會會報（Journal of Buddhist Text Society, Part iii, 1896, p. 17）上公表過。聽說這西藏譯本後來被加爾各答亞細亞協會所保存。

按陳那所創造的三支作法如下：

（宗）聲是無常。

（因）所作性故。

（喻）見諸所作性，皆無常，譬如瓶等。

陳那高足商羯羅主（Shankara-svāmin）卽天主，亦通曉因明，今日殘存的有玄奘譯因明入正理論（Hetu-vidyā-nyāya-pravesha）一卷。按摩訶陳那迦略稱陳那，漢譯爲大域龍。那種事蹟，曾載於大唐西域記第十卷。據俱舍惠暉第一卷，陳那是世親菩薩之弟子，相傳佛滅後一千有餘年出世。

據大唐西域記第十卷，大慈恩寺三藏法師傳第四卷，陳那似爲南天竺人。只有中國的定賓，說他是東天竺人。

陳那與商羯羅主當爲佛教徒中因明著作者最初的人。其後大唐慈恩大師窺基著因明入正理論疏三卷，淄州慧沼法師著因明略纂四卷，智周法師著因明略記和其他，都大大的宣揚新因明。

陳那雖有很多著作，但以因明正理門論貢獻於學界最大。所以在因明入正理論疏亦評曰：『陳那所造四十餘部，其中最要，正理爲先。』彼弟子商羯羅主的因明入正理論是引入正理門論的階梯。

破陳那一派之新因明而救護正理經大疏的正統論理學之書，是六世紀學者 Uddyota-kara

所著的正理派評註（Nyāya-vārttika）。

七世紀佛教徒達磨詰（Dharma-kirti）卽法稱出於護法（Dharmapāla）之門，精通因明，因辯護陳那的學說，著正理派涓滴（Nyāyabindu）一書。

九世紀時有佛教徒達摩鬱多羅（Dharmottara）卽法上，著前書之註正理派涓滴註記（Nyāya-bindu-tikā）一書，直接是努力擁護法稱，間接是努力擁護陳那的學說。

這法上是否和小乘佛教諸分派之一的法上部（Dharmottariya）之部祖法上同爲一人？不易斷定。印度自商羯羅主以後爲佛教的因明學者的，首先當舉戒賢（Shilabhadra）和唯識佛教的十大論師。所謂十大論師，便是：德慧（Gunamati）安慧（Sthiramati）親勝（Bandhushri）難陀（Nanda）淨月（Shuddhachandra）火辯（Chitrabhāna）勝友（Visheshamitra）最勝子（Jinaputra）智月（Jnānachandra）。此外跋陀羅樓支（Bhadraruchi）卽賢愛，亦極盡因明的祕奧。中國玄奘三藏入竺後，從護法門下的戒賢學習唯識和因明之學，歸唐後授法窺基，再由窺基傳於慧沼智周等。

傳習中國唯識學和因明學於日本的，是入唐僧興福寺的玄昉。

印度從六世紀到十世紀，因佛教徒和婆羅門教徒競學論理學，產生價值極大的幾多著述。以下所述，是佛教徒以外的學者所作著名的論理學書，比較都屬於後世之作。年代未詳的有 Vishvanātha-Panchānana，Bhattāchārya Tarkālankāra，便是普通所稱的有 Vishvanatha-Bhattāchārya 或 Vishvanatha-Panchānana，等皆正理學派的泰斗。

彼著述之一的正理經註 (Nyāya-sūtra-vritti,) 今尙爲印度論理學研究的要典。彼另著的語義明斷 (Bhāshā-parichchheda)，也是揭示正理派論理的綱要的，在此作自註悉檀聯珠，(Siddhānta-muktāvalī) 對這悉檀聯珠有某學者所作悉檀聯珠明解 (Siddhānta-muktāvali-prakāsha)。

十一世紀末或十二世紀初，註釋婆羅門教各派聖典的大哲人 Vāchaspati-mishra 刊行解說正理經評註的正理經評註本義記 (Nyāya-vārttika-tatparyatikā) 名著。此外，他又著可謂正理經內容目錄的正理經指針 (Nyāya-sūchi-nibandha)。

其後到一千二百年時，有哲學者兼著作家的 Udayanāchārya 出，作前記正理經評註本義記的註解正理經評註本義記正意 (Nyāya-vārttika-tatparya-parishuddhi)。彼復著關於正理派的正理派掌華 (Nyāya-kusumānjali) 或簡稱掌華 (Kusumānjali) 的哲學名著。這書是宣說唯一神靈卽自在天 (Ishvara) 存在的書籍，共計五章七十二要頌 (kārikā)。

·四百七十九年逝世的耆那教學者 Haribhadra 在彼之六見集 (Shaddarshana-samuchchaya) 裏說正理經是屬於有神派卽自在天崇拜派的著作，不過無論是正理經或是勝論經，本來都不承認最高神靈的存在。兩派皆至後世，纔變化爲有神論的，但尙未成立宇宙的造化神。然而在正理派掌華和正理派勝論派二學系倂記的後代著作裏，有神論却發達，以神靈爲勝異我者，超在於個我與輪迴之外者，執有支配宇宙之權能者。

對於正理派掌華，有下列各註，由此以觀，亦可察知其聲價了。

掌華要頌釋 (Kusumānjali-kārikā-vyākhyā)

掌華註記 (Kusumānjali-tīkā)

掌華明解（Kusumānjali-prakāsha）

掌華明解甘露（Kusumānjali-prakāsha-makaranda）

掌華註（Kusumānjali-vritti）

掌華釋（Kusumānjali-vyākhyā）

下列二書，大約亦其同類：

正理派掌華照解（Nyāya-kusumānjali-vikāsha）

正理派掌華分別（Nyāya-kusumānjali-viveka）

相傳鄔陀夜那阿闍梨（Udayanāchārya）還著有名爲相列（Lakshanavāli）的論理學書。

十四世紀毘提訶國（Videha）首都密梯羅城（Mithilā）居民岡詰沙（Gangesha, Gangeshvara Gangesha Upādhyāya），刊行論理學名著，開創正理派的新派。

他在正理派內的地位，比之佛教內的陳那，不見遜劣，他的著作，約有以下數種：

比量如意寶珠（Anumāna-chintāmani）

譬喻量如意寶珠（Upamāna-chintāmani）

諸諦如意寶珠（Tattva-chintāmani）

右所揭比量如意寶珠，和 Raghunātha 的比量寶珠光耀（Anumānamani-dīdhiti）及作者不詳的比量明解（Anumāna-prakāsha）等書相同，皆解說四量之一的比量者。又有諸諦如意寶珠，是特別有名的大著。

彼之著作有舉正理派如意寶珠（Nyāya-chintāmani）的一書者，但不知是總括前記諸如意寶珠呢？還是另有獨立的別著呢？不可得而詳了。

正理派哲學就是派外的學者，也有熱心研究的，例如十四世紀吠檀多派的大哲摩杳婆阿闍梨（Mādhavāchārya）在前舉一切見要集中判釋爲十六學派之一的正理派，依正統的見地而觀，斷定其是來自第六位。

至於最近印度論理學者仍不絕。一千七百三十六年生存的論理學者，有 Krishna-chandradeva-sharman。

印度近代的論理學，值得一讀的，有 Mahesa Chandra Nyāyaratna 的近代正理派哲學系統及其學用語的簡註（Brief Notes on the Modern Nyāya System of Philosophy and its Technical Terms）

以上關於正理派的文獻，多少是依年代紀敍述的，以下附記，是未詳著者或其製作之年代，而爲研究正理派的重要資料者。

Keshava-bhatta 所造正理派哲學的摘要思擇派語記（Tarka-bhāshā），也是名著，計有下列諸註：

思擇派語記明解（Tarka-bhāshā-prakāsha）

思擇派語記開示（Tarka-bhāshā-prakāshikā）

思擇派語記本義開示（Tarka-bhāshā-bhāva-prakāshikā）

思擇派語記要義華聚（Tarka-bhāshā-sara-manjarī）

右之四書中第一是 Govardhana 之作，第四是迦尸城（Kāshī）的摩沓婆（Mādhava）之作。

思擇派的意味，爲立脚於究理思索的哲學系統，六派雖都適用，不過特別是指正理派的名義。在合併記述正理派和勝論派的諸著裏，很多冠用這名義的。

Jānakīnātha-sharman 的正理派悉檀華聚（Nyāya-siddhānta-manjarī）亦爲名著，有以下諸註：

正理派悉檀華聚明燈（Nyāya-siddhānta-manjarī-dīpikā）

正理派悉檀華聚明解（Nyāya-siddhānta-manjarī-prakāsha）

正理派悉檀華聚嚴飾（Nyāya-siddhānta-manjarī-bhūshā）

正理派悉檀華聚要義（Nyāya-siddhānta-manjarī-sara）

又有與一般正理派論理學的系統完全相異的，如前述之正理派涓滴（Nyāya-bindu）及正理派涓滴註記的梵本和其西藏語譯本，作爲佛教文庫（Bibliotheca Buddhica）的第二十四篇，最近在俄國列寧格勒市（Leningrad）刊行。

毘摩阿闍梨（Bhīmāchārya）的正理派語藏（Nyāya-kosha）正理派學者珍重爲辭典。

又如迦闥陀羅（Gadādhara）所造的生論（Vyutpattivāda）亦論理學名著，以下諸書，蓋皆其註釋：

生論註記（Vyutpatti-vāda-tīkā）

生論羽翼（Vyutpatti-vāda-pattra）

生論飛翼（Vyutpatti-vāda-paryāya-pattra）

生論祕義（Vyutpatti-vāda-rahasya）

生論眞義（Vyutpatti-vādārtha）

境衡（Vishayatā-vāda, Vishaya-vichāra, Vishayatā-vichāra）及相論（Lakshanā-vāda）的著者亦名迦闥陀羅，大概和前述論理學者同是一人。這境衡和相論，大約也是關於論理學的著作。除上述之外，作者不詳的，如悉檀要頌（Siddhānta-kārikā），撰述多數的論理學書。又有舍利陀羅（Shrīdhara）的正理乾陀利華（Nyāya-kandalī），也是有名的論理學書。

又在合併記述正理派和其本派的勝論派之名著內有思擇派要集（Tarka-sangraha）。這書是 Annambhatta 所撰，並有下列諸註：

思擇派要集明燈（Tarka-sangraha-dīpikā）

悉檀月出（Siddhānta-chandrodaya）

上述之前者是 Annambhatta 作的自註。後者是 Krishna-dhūrjati-dikshita 爲了優禪尼城（Ujjayin）即 Vikrama-pattana 城 Gaja-sinha 之子 Rājas-sinha，作於一千七百七十四年的新註。

思擇派月光（Tarka-kaumudī） 思擇派甘露（Tarkāmrita）二書，也是併說正理勝論兩派的。前者是近代學者 Laugākshi-bhāshara 著的。

後者是 Jagadīsha Tarkālankāra Bhattāchārya 撰勝論派哲學的入門書，計有下列二註：

思擇派甘露杯（Tarkāmrita-chashaka）

思擇派甘露河（Tarkāmrita-taranginī）

前者是殑伽羅摩（Gangārāma）所作，後者是Mukunda Bhatta Gādagila 所作。

以上所述，是正理派哲學的要典。從這些看來，可以知道印度的論理學書，是怎樣的豐富。

印度論理學，從十九世紀中葉起，介紹到歐洲學界。繆勒博士於一千八百五十二年的德國東洋協會時報（Zeitschrift der Deutschen Mörgenländischen Gesellschaft）上，詳述勝論派和正理派。

以下所揭的，是正理派主要的出版、翻譯及研究。

〔正理派研究資料〕

（1） Nyāya-sūtras, in Vizanagram Sanskrit Series, Volume IX, Benares, 1896.

（2） Ballantyne: The Aphorisms of the Nyāya-Philosophy by Gotama, Sanskrit and English, Allahabad, 1850—1854.

（3） Keshava Shāstri: The Nyaya-darshana with Commentary of Vātsyāyana, in the Pandit, 1877,

PP. 60, 109, 311, 363 (incomplete).

(4) Vātsyāyana: Bhāshyam, in the Bibliotheca Indica, Calcutta, 1865.

(5) Vishvanātha-bhattāchārya: Nyāya-sūtra-vritti, Calcutta, 1878.

(6) Windisch: Über das Nyāya-bhāshya, Leipzig.

(7) Udayana: Nyāya-kusumānjali, in the Bibliotheca Indica, Calcutta, 1895.

(8) Nyāya-kandali of Shrīdhara, in Vizianagram Sanskrit Series, Volume IV, Benares, 1895.

(9) Vishvanātha-panchānana: Bhāshā-parichchheda, Culcutta, 1850.

(10) Bhīmāchārya: Nyāya-kosha, Bombay, 1775.

(11) Tarka-sangraha of Annam-bhatta; Text and Translation by Ballantyne, Allahobad, 1850.
同右書於一千八百四十八年貝拿勒斯 (Benares) 市亦刊行

(12) Tarka-sangraha of Annam-bhatta; ed. J Vidyāsagara, Calcutta, 1897.

(13) Mahādeo Rājāram Bodas: The Tarkasangraha of Annambhatta, with the author's Dīpikā and Govardhana's Nyāya-bodhini, prepared by the late Rao Bahadur Yashavanta Vāsadeo Athalya, and published with critical notes, Bombay Sanskrit Series, Bombay, 1897.

(14) Manilal Nabubhai Dvivedi: The Tarka-kaumudī, being an introduction to the Principles of the Vaisheshika and Nyāya-philosophies by Laugākshi Bhāskara, Bombay, 1886.

(15) Professor A.B. Keith: Indian Logic and Atomism. An exposition of the Nyāya and Vaisheshika Systems. 1921.

(16) M. Spitzer: Begriffsuntersuchungen zum Nyāyabhāshya, Leipzig.

(17) Mādhava Āchārya: The Sarva-darshana-sangraha or review of the different systems of Hindu Philosophy, Translated by E. B. Cowell and A. E. Gough, Second edition, London, 1894.

(18) Henry Thomas Colebrooke: Miscellaneous Essays, Madras, 1873.

(19) F. Max Müller: Six Systems of Indian Philosophy, New edition, 1903.

(20) Rev. K. M. Banerjea: Dialogues on Hindu Philosophy, comprising the Nyāya, Sānkhya and Vyāsa, London, 1861.

(21) Sarvadarshana-sangraha, edited by Tārānātha Tarkavāchaspati, Calcutta, 1872.

(22) Richard Garbe: Die Theorie des indischen Rationalisten von den Erkenntnismitteln, 1888.

(23) Archbishop Thomson; Laws of Thought.

次述五見的第三數論派。

數論二字，是梵語 Sānkhya 的義譯，佛典裏音譯爲僧佉或僧企耶。

數論學派的梵名 Sānkhya，是從數、計算、總和、審議、推理、理性等義的名詞 sankhyā 轉成的，包括計數的（enumerative）唯理的（rational）辨別的（discriminative）等意味。

就是印度學研究者中，對於數論學派的名稱，有汎稱為唯理的哲學的，有狹解為計數的哲學的。如厄格林（J. Eggeling）、科爾、布魯克、韋柏等是執著前說的；而高夫（A. E. Gough）、伽爾倍（Richard Garbe）、許勒得（Schröder）等，則傾向後說。

前說以此學派所採研究方法，為推理的而命名；後說因此學派立二十五諦，組織的計量之，且好以抽象的概念，依無味乾燥之數的關係而分析之，故得計數派（Enumerative system）之名。

在漢譯佛典裏，把這學派的名目，義譯成數論、數術、制數論、無頂論等。關於立名的理由，定下種種臆斷。成唯識論述記載：『梵云僧佉，此翻為數，名為數論，論能生數，亦名數論。』翻譯名義集說：『正云僧企耶，此云數術，又翻數論。』百論疏說：『僧佉，此云制數論，明一切法不出二十五諦，故一切法攝入二十五諦中，名為制數論。』法華文句載：『僧佉，此云無頂，因人名論。』按無頂兩字，恐係五頂之誤。數論派學者般遮尸訶（Panchashikha）一名，便是五頂之意。

數論學派的開祖，為先哲 Kapila。在漢譯佛典裏，把這名音譯為迦毘羅、劫毘羅、加比羅、劫畢羅、伽毘羅、功比羅、迦卑羅等等；還有黃頭仙、黃赤色仙、金頭仙、赤色仙、黃髮仙、青色仙、赤仙、龜種等義譯。韋柏疑迦毘羅仙史的實在，但難以贊同。印度種種文學裏都讚美迦毘羅仙是備具法、智、離欲、自在四德的大聖者大哲人。

印度人至今還憶念這大仙的學德，相傳大仙晚年經過恒河河口的娑迦羅島（Sāgara），於梵曆摩祛月最終日，參拜者羣集幾千人。迦毘羅大仙出世年月雖不明確，但無疑必較釋尊爲早。釋迦族（Shakya）本城迦毘羅都（Kapila-vastu），便是迦毘羅住處之意，相傳是迦毘羅大仙修道的靈蹟。

慧苑音義卷下載：『迦比羅城，具云迦比羅皤窣都。言迦比羅者，此云黃色。謂上古有黃頭仙人，依此處修道』。又石壁梵網疏卷上載：『迦夷羅國，正云劫比羅伐窣堵。此云黃髮仙人住處，卽是白淨王兄弟四人所從之處，本是彼仙住處，因立城名，今爲國號耳。又作迦維羅衞』。就是脫出王城的少年釋尊，歷訪婆羅門學者中，也有屬於數論學派系統的。

數論派在婆羅門教諸派中，無疑是最早的。

漢譯這派要典金七十論卷下關於開祖以後師資相承卽弟子次第傳授（sh: shya-param-parā）之事，記載如次：

『迦毘羅仙人，初出有四德，一法二智三離欲四自在。得此智已，依大悲說，護持此智，爲欲度他，由慈悲故，先爲阿修利說。此阿修利仙人，次爲般遮尸訶說……阿修利傳與般尸訶，般尸訶傳與褐伽。褐伽傳與優樓佉。優樓佉傳與跋婆利。（跋利娑？）跋婆利傳與自在黑。如此次第，自在黑得此智見大論難可受持，故略抄七十偈。』

在印度諸典也和上述相同，指阿修利仙人（Āsuri）是直接受法於始祖的第二人。

從迦毘羅傳法於阿修利，據陳天竺三藏眞諦譯佛性論卷第一破執分第二中破外道品記載：

『迦毘羅仙，爲阿修利婆羅門說：昔初唯有一暗冥，此中但有智由處所。』

聲望亞於數論哲學史上開祖的，爲般遮尸訶（Panchashikha）金七十論卷下云『阿修利仙人，爲般尸訶略說亦如是。是般尸訶廣說此智，有六十千偈。』言其以六萬偈，博通數論哲學。相傳彼雖是阿修利直接弟子，但其生存年月，似比開祖及阿修利要後得多。

在數論學派的諸梵本裏，還保存着屬於這派的少數學者名稱。其中列於般遮尸訶之次的，共有七名。一般知道的是薩難陀那（Sanandana），阿闍梨便是鉢陀（Vodha or Bodha）。

據韋柏推斷這鉢陀的名稱，是佛陀名稱的婆羅門化。

便是數論書內所引的諸論師中，也難斷定他是屬於數論學派的正系，或是屬於姊妹派的瑜伽學派。

就像 Jaigishavya 仙，據龜身化生史話（Kūrma-purāna）所記，也和般遮尸訶同學；不過從其遺文判斷起來，確是瑜伽派論師之一。

金七十論中所揭褐伽優樓佉跋婆利等的史傳，都不明瞭。許多學者推定跋婆利一名是跋利婆之誤，此說果確，那麽和摩訶婆羅多所記的學者 Vārshagonya 大概是同一人了。Vārshaganya 一名的引用文共有二。

出於直諦三藏譯婆藪槃豆法師傳，通達數論的毘梨沙伽那龍王，恐怕就是把 Vārshaganya 神話化的。Vārshaganya 的梵名，表示是 Vrishagana 仙的後裔。Vrishagana 的 Vārshaganya

的語意，是牡牛的羣衆。然而從雨義 Varsha 出來的 Vārsha，就和前記 Vārshaganya 之前半 Vārsha 是同一的語形。漢譯佛典把應譯牡牛的羣衆的 Varshaganya，誤譯成雨衆或雨際了。該書說和數論派先哲自在黑（Īshvara-krishna）之師相當。

因明論大疏及成唯識論述記的筏里沙，玄應音義的縛利沙，或跋利沙，十住心論科註的伐利婆等音譯，以及雨外道的義譯，皆是前記的數論派哲人 Vārshaganya 的這個雨外道，據因明論大疏載：『成劫之初有外道出名劫比羅。……其後弟子十八部中上首者名筏里沙，此名爲雨，雨際生故，其雨徒黨名雨衆外道。』玄應音義記：『梵言縛利沙（Varsha），亦云跋利沙，此云雨，外道名也。鍵拏（gana）此云衆，謂雨等師徒之衆，故云雨衆者也。』唯識了義燈記：『言數論者，即應是劫比羅仙造，後諸門徒分成十八部，雨外道者即一部主。』

前記婆藪槃豆法師傳記承繼毘梨沙伽那龍王數論哲學的，是頻闍訶婆娑。按這學者，和出於波闍羅闍（Bhojarāja）著書裏的 Vindhyavāsin 是同一人，並且與數論派中與之祖的自在黑，也是一人。

其視爲數論派支系的瑜伽學派，則爲帕坦楂力（Patanjali）所創。

數論學派對於印度文化有深大的影響，但到了十六世紀法燈將要消滅了。

關於數論派的歷史想把數論派聖典的歷史作幾分的闡明，如下所述現存書籍，雖有傳爲教祖迦毘羅所作的數論經（Sānkhya-sūtra）一名數論廣解（Sānkhya-pravachana）六卷和諸締結要（Tattva-samāsa）一卷，不過這二書都是近代撰述的，大概是十四、五世紀或更後的年代所出的。

以數論經爲近代著述的，科爾布魯克和其他所指摘者，例如這書稱數論派的先師般遮尸訶等，又論斥勝論派、正理派等後代之學派，以及引用商羯羅（Shankara）Vāchaspatimishra等近代的學者和十四世紀的哲學書一切見要集等，便可明白了。並且在這經裏有想融會數論派和梵教教義的努力痕跡。

開祖是否遺有若何著述或所作聖典散失與否？時至今日，畢竟無法解決了。

此經所下註釋，最古的，是在一千五百年阿尼律陀（Aniruddha）的數論經註（Sānkhyasutra-vritti），別題阿尼律陀註（Aniruddha-vritti）。

這書雖有幾分生硬，但那犀利之懷疑的說明，與以公平的客觀態度，努力闡明數論派的教義，這兩點是凌駕其他各註釋的。

在十六世紀後半，識比丘（Vijnāna-bhikshu）著成數論經的一註名數論廣解大疏（Sān-khya-Pravachana-bhāshya），略題數論大疏（Sānkhya-bhāshya）。這書細敍數論派各點的教義，在數論派全文獻中，是傑出著作之一，但往往偏於獨斷，失數論派的特色，殊爲可惜。他又想把數論派爲有神論化，而融和婆羅門教的正統六派。他說這六派的主要教義，都含有絕對的眞理，而不互相矛盾。尤其是數論派和梵教的眞髓，乃完全一致的。識比丘是精通各派教義的碩學者，至今還遺下許多的著書。

彼所著梵思惟經大疏（Brahma-mīmānsā-bhāshya）一名識比丘甘露（Vijnānāmrita），那是梵經的註解；至於瑜伽經評註（Yoga-vārttika），是毘耶娑（Vyāsa）所作瑜伽經大疏（Yoga-bhāshya）的末釋。彼又作一本數論要義（Sānkhya-sāra）一名數論要義分別（Sānkhyasāraviveka）是由韻文散文合成的。這書比較數論廣解大疏後出，用巧妙的次序，簡單敍述數論派的教義。

到十七世紀末葉，有摩訶提婆（Vedāntin Mahādeva）大天者出，註解數論經。這註釋的第一卷，單是摘錄數論廣解大疏，其餘諸卷也遜於阿尼律陀註遠甚，不過最後的一卷却富有創見的解說，凡是研究數論教義的，是不應忽略的。

除上述之外，Nāgoji-bhatta or Nāgesha-bhatta 也是註解數論經的，著有略本數論經註（Laghu-sānkya-sutra-vritti），在十八世紀之初，公刋於貝拿勒斯市，不過其內容亦僅是胡亂摘錄數論廣解大疏的罷了。

數論經的註疏，除上記者外，還有近代撰述的數論一瀾（Sānkhya-taranga）。

又假託教祖所撰的諸諦結要，不過是列示數論派諸諦的名目，那是後代撰述的一小册子。

在這書的註解裏，有數論階梯明燈（Sānkhya-krama-dīpika）等書。

現存的數論派聖典中，最古的，恐怕要算至遲五世紀出現的自在黑所作數論要頌（Sānkhya-kārikā）；這書一名數論七十偈（Sānkhya-sāptati）書以七十二偈詮明數論的真義。其有註的金七十論三卷在五百四十八年到五百六十九年間曾經真諦三藏漢譯過。

此書所下諸註中，要以喬荼鉢陀（Gaudapāda）的數論要頌大疏（Sānkhya-kārikā-bhāshya）爲最早大概是紀元七百年或八世紀前半時代著的。此外明快的註解，如數論諸締月光（Sānkya-tattva-kaumud）是十二世紀初 Vāchapati-mishra 所撰述的。

此外如 Nārāyana-tirtha 的數論明光（Sānkhya-chandrikā），一名數論諸諦明光（Sānkhya-tattva-chandrikā）和毘陀阿闍梨（Rāmakrishna-bhattāchārya）的數論月光（Sānkhya-kaumudī）這兩書，也是數論要頌的註解。

前者單是說明，缺乏學術的價值後者完全失傳。前記的數論諸諦月光，印度最盛行，稱爲全數論文學中最有組織者，所以其末釋，不下六種之多。羅拘那多·毘陀阿闍梨（Raghunātha-tarka-vāgīsha Bhattāchārya）的數論諸諦開闡（Sānkhya-tattva-vilāsa）一名數論註（Sānkhya-vritti）也是數論諸諦月光的註釋書。

數論要頌在半世紀以上的印度被歡迎爲數論派無上好著。

到了十一世紀初期有王註（Rājavārttika）出來，相傳這書作者是愛護學藝的達羅國（Dhārā）波闍提婆王（Bhoja-deva or Bhoja-rāja）。這書是數論學派新研究的先驅，可惜已經散失不傳了。現在數論要頌第七十二偈的註釋條中還保存着這書的三偈。

和波闍王同時的阿剌伯大學者阿爾比盧尼（Al-Bīrūnī or Abū-Raihān Muhammed bin-Ahmad al-Bīrūnī），自紀元一千三十年到一千三十三年在印度編述印度志（Tārīkh-ul-Hind）。中述數論派瑜伽派的教義；又在序文裏說他把數論派和瑜伽派的教典譯成阿剌伯語。關於阿爾比盧尼所依用的數論派教典，伽爾倍推論是擴充數論要頌大疏而更精細的大註疏，印度志的英譯者薩豪（E. Sachau），考證阿爾比盧尼所依用的原典略本便是今日的數論要頌大疏。

因爲數論派和瑜伽派的聖典譯成阿剌伯語的結果，使從前已受印度哲學影響的毛衣派（Shūfism）即回教苦行派，現在直接受到數論派瑜伽派的顯著感化了。

漢譯金七十論三卷，是細釋自在黑之數論要頌中七十二偈的名著，不過與之正確符合的梵本，沒有發見。這書是六世紀後半漢譯的，比印度現存的數論要頌諸註要早得多了。

元代講經律論沙門慶吉祥等撰述的至元法寶勘同總錄卷十，記金七十論如次：

『金七十論三卷，單本，陳天竺三藏眞諦譯，亦云僧佉論，或二卷。又外道迦毘羅仙人造，明二十五大等諦，非是佛法，所謂數論是也。』

上文中所謂外道迦毘羅仙人造一語，大概是說數論哲學的根源，發於迦毘羅仙的，不算是精確的記述。

數論要頌及諸註所含的七十二偈，前六十九偈是本偈，最後三偈是追補的，不過都是自在黑的眞作，却無可疑。

金七十論長行卽註解是散文，作者不明，不過說是古來婆藪槃豆法師卽世親菩薩，漠然傳來的，大約成於婆羅門之手罷？或是如傳說的爲世親眞作呢？更或如一二學者想像說是眞諦三藏製作的，今皆不能確定。

金七十論是漢和佛教徒古來研究外道哲學的要典，同勝宗十句義論一樣的重用。僅就日本所撰述的註釋論已有下列十書：

曉應（諱嚴藏）	金七十論備攷	三卷
藤井玄珠	金七十論校註	三卷
法住僧正智幢	金七十論私記	
林常快道	金七十論試記	
同	金七十論操鏡	
同	金七十論疏	
乘願院慶忍	金七十論己巳錄	一卷
桂潭	金七十論錄	一卷
宗朗	金七十論解	二卷（或三卷）
作者未詳	金七十論探賾	一卷

又對於數論要頌有摩闍羅阿闍梨 (Mātharāchārya) 所造的數論要頌註 (Sānkhya-kārikā-vritti)。

上舉梵本之外，現存的還有 Kavirāja-yati 略解數論教義的數論諸諦光燈 (Sānkhya-tattva-predīpa or Sānkhya-tattva-pradīpikā) 與之相似的有 Bhatta-keshava 所作數論義諸諦光燈 (Sānkhyārtha-tattva-pradīpikā) 之類。

數論派聖典概說已畢，次略述其教義。

這派設立稱爲「神我」(Purusha) 的多數個體我，和名叫「自性」(Prakriti) 的唯一之物性，成爲一種二元論 (Dvaita-vāda)。

「神我」是以「知」或「思」爲體的個人精神，不是由他而生的，也不是生他的實體。自性是由自體流出一切現象的物質本體，備具喜德(Sattva) 憂德(Rajas) 闇德 (Tamas) 的三德。

神我和自性，都是個別獨立的原理，雖無何等之交涉；但神我是經驗輪迴及解脫所起意欲，自性是爲滿足神我的意欲，而將總稱爲變異（Vikāra）的二十三諦之現象，從自體流出。

自性第一生覺（Buddhi），覺生我慢（Ahankāra），我慢生十六物與五唯。所謂十六物，便是心根（Manas）五知根（Jnānendriya）五作根（Karmendriya）五大（Mahābhūta）。

五知根是眼、耳、鼻、舌、皮五種的認識器官。五作根是舌、手、足、男女、大遺五種的生理器官。五大是地、水、火、風、空的五物素。

又所謂五唯，是色、聲、香、味、觸的五細塵。因爲以二十三諦，將一切現象網羅盡淨，所以存在於宇宙的，連神我、自性的二本體，及二十三現象，合計不出二十五諦之外。數論派思索之最後目的，在了悟二十五諦之眞實義，現證神我與自性的差別，使神我得以解脫，而到達獨存（Kaivalya）之理想境。

這派爲欲認識二十五諦之實相，而立證量（即現量）比量、聖言量三種智源。

因爲數論哲學之教理，包含幾多幽妙的眞理，所以印度的文學、哲學與其他，大受其影響；並且感化到古代歐洲的哲學上。

就像根本佛教，繼承數論派思想之處，亦復不少。

〔數論派研究資料〕

（1） The Sānkhya-pravachana-bhāshya; or Commentary on the exposition of the Sānkya Philosophy;by Vijnānabhikshu; edited by Richard Garbe, Professor in the University of Königsberg, Prussia,1895.

這書作爲哈佛東洋叢書第二卷（Harvard Oriental Series, Edited, with Coöperation of various scholars, by Charles Rockhill Lanman, Professor of Sanskrit in Harvard University: Volume II.）刊行了。全書計序文十四頁和羅馬字的原文一百九十六頁。又伽爾倍把這原文全部譯成德文，載於東洋研究報告（Abhandlungen für die Kunde des Morgenlandes, Volume IX., Leipzig, Brockhaus, 1889.）中。

下記的出版物，大概和前列相同，不然便是內容同一。

（2） Sānkhya-pravachana-bhāshya, Vijnāna-bhikshu's Commentar zu den Sānkhya-sūtras, übersetzet von Richard Garbe, 1889. Leipzig.

（3） Aniruddha's Commentary on Sānkhya Sūtras, translated by Richard Garbe, Bibliotheca Indica, Calcutta, 1888—1892.

（4） Sānkhya-kārikā, translated in Latin by Christian Lassen, Bonn, 1832.

（5） John Davies: Hindu philosophy. The Sānkhya Kārikā of Īswara-krishna, London, 1881.

(6) Sānkhya Kārikā, text with Commentary of Gaudapāda, edited and translated by H. T. Colebrooke and H. H. Wilson, oxford, 1837, reprinted Bombay, 1887. Edited in Benares Sānskrit Series, 1883.

(7) Vāchaspati-mishra's Sānkhya-tattva-kaumudī, edited by Tarkavāchaspati, with the editor's Sanskrit Commentary, Calcutta, 1896.

適數論諸諦月光，在一千八百九十六年，印度的孟買市曾刊行英譯本。

(8) Der Mondischen der Sānkhya Wahrheit, Vāchaspatimishra's Sānkhya-tattva-kaumudī, übersetzt von Richard Garbe, 1892.

(9) E. Röer: Lecture on the Sānkhya Philosophy, Calcutta, 1854.

(10) Richard Garbe: Die Sānkhya-Philosophie, Leipzig, 1894.

(11) The Sānkhya Aphorism of Kapila, Sanskrit and English, with illustrative texts from the Commentaries, by Dr. Ballantyne, formerly Principal of the Benares College, 1852, 1865, 1885, Trübner, London.

(12) Sānkhya-sūtras, edited by Pandit Jagannātha, Calcutta, Samvat Era, 1927.

(13) Bhāndārkar: Sānkhya Philosophy, 1871.

(14) Fitz-Edward Hall: Sānkhya-sāra, 1856.

(15) Sānkhya-sāra, in Bibliotheca Indica, Calcutta, 1862.

(16) Sānkhya-tattva-pradipa, translated by Govindadeva-shastrin in the Pandit, No. 98 ff.

(17) Bellantyne: A Lecture on the Sānkhya-pravachana, Mirzapore, 1850.

(18) Barthélemy Saint-Hilaire: Premier Mémoire sur le Sānkhya, Paris, 1852.

(19) F. E. Hall: Contributions towards an Index to the Bibliography of the Indian Philosophical Systems, Calcutta, 1859.

(20) R. Garbe: Sānkhyam und Yoga, in Rühler's Grundriss III, 4, Strassburg, 1896.

(21) A. E. Gough; Philosophy of Upanishads.

(22) Nehemiah Nīlakantha Shāstri: Rational Refutation, translated by F. E. Hall, Calcutta, 1862

(23) Wassiljew: Buddhismus.

(24) Sānkhyakārikā of Īshvara-krishna with the Mātharavritti, edited by Visha Prasād Sharma.

(25) Alberuni's India, edited in the Arabic original by E. Sachau, London, 1887.

(26) Chronology of Ancient Nations by Alberuni, translated by E. Sachau, London, 1879.

(27) Regnaud: Fragments Arabes et Persans inédits relatifs a l'Inde, 1845.

(28) Regnaud: Mémoire sur l'Inde, Paris, 1849.

(29) 因明入正理論疏　六卷　唐窺基撰

(30)	因明入正理論疏裏書	六卷	明詮撰
(31)	因明入正理論疏瑞源記	八卷	鳳潭撰
(32)	因明入正理論疏明燈鈔	十二卷	善珠撰
(33)	成唯識論	十卷	護法等造唐玄奘譯
(34)	成唯識論述記	二十卷	唐窺基撰
(35)	成唯識論了義燈	十三卷	慧沼撰
(36)	成唯識論演祕	十四卷	智周撰
(37)	成唯識論義演	十三卷	如理撰

其次，敍述吠檀多學派(Vedānta)即梵教。

這學派計有後思惟派(Uttara-mīmānsā)內在我思惟派(Shārīraka-mīmānsā)梵思惟派(Brahma-mīmānsā)吠檀多思惟派(Vedānta-mīmāsā)祕書思惟派(Aupanishadi-mīmānsā)等異名。

吠檀多的梵語，是「吠陀聖典之終極部」的意味，原來是用爲諸「祕書」(Upanishad)

之名稱的因「祕書」佔居吠陀文學中啓示聖典的終末部，故得此名。吠檀多學派集「秘書」唯心哲學的大成，於是便有襲用「秘書」一名的「吠檀多」作爲學派之名。

按後思惟派的名稱，是對前思惟派而言，前面已經說過了。內在我思惟派，是探求潛在吾人心源的所謂「內在我」此爲考察「大靈」之「不二一如」的學派之意味。梵思惟派，意即思索唯一無二最高實在之「梵」的學派。

吠檀多思惟派和祕書思惟派，是考察顯示「梵」之眞理的「祕書」一名「吠檀多」的聖典之一派所標榜的名稱。著者簡稱此派爲梵教，以下常用此名。

這學派在婆羅門教正統六派中，最有深遠的教理，恐怕除大乘佛教外，不論如何的印度之教學，總不能對抗梵教之深義。

在祕書的大文學裏力說的大我哲學，集大成而生梵教，此爲全印度智識及信仰之普遍的源泉，其教理滲透印度文化之一切，直至于今。現代印度第一流哲學者宗教家之思想，概不出梵教哲學的圈外。

印度除祖宗崇拜外，要算梵教是最有力的宗教了。梵教的根本教義，雖至今日的印度任何部落，總能普及到某程度。

十九世紀的印度宗教改革，畢竟不外於汲秘書之流的梵教大精神，成爲近代的復興罷了。這樣看來，梵教是印度的大宗教，因爲支配全印度人的思想多年，其結果從哲學者的思索，乃至日常所禱以及俚諺之類，都有梵教的精神存在了。因此，可以明瞭梵教在印度文化史上，尤其是印度宗教史上，所佔地位如何重要了。

我們當研究印度的哲學史，宗教史時，固然是應當以梵教作中心的，就是印度的政治及道德，也是以梵教的精神作基礎的，所以要想確知印度人的性格，亦以研究梵教爲切要。

印度學者 Madhusūdana-sarasvatī 於其所著諸宗判別論（Prasthāna-bheda）中說：『這梵教眞是一切教說的根本義。其他諸教說，不過是補充罷了。然則惟有此可使欣求解脫的一切人們，歸依渴仰了。』其讚揚非不當。

印度民族信仰核心的梵教，其思想發展，有悠久的歷史。

若是廣汎觀察梵教哲學的歷史，可以大別爲四個時期。第一是胚胎期(the germinal stage)，第二是創造期 (the creative stage)，第三是組成期 (the systematic stage)，第四是講解期 (the scholastic stage)。胚胎期的梵教，可說是梨俱吠陀時代終期所現諸創世詩篇以及阿闥婆吠陀祭書中的哲學思想。

在印度最古聖典梨俱吠陀（全十卷）指爲最新製作的第十卷中，如第七十二章，第八十一章，第八十二章，第九十章，第百二十一章，第百二十五章，第百二十九章，第百九十章等，都是包含哲學以及宗教思想的聖歌，那是梵教思想的源泉。這些思想，在阿闥婆吠陀及諸祭書裏次第發育滋長，終成諸祕書內所謂創造期的梵教。諸祕書都是開示宇宙最高而實在的梵 (Brahman) 之實相，並且力說梵與生物之眞我 (Ātman) 乃「不二一如」者，可以現證此根本義固相一致，但與其他枝末之教說便有幾多的矛盾存在諸祕書之間了。融會這些矛盾組織一個哲學系統，發見於吠檀多派的本經中，便是所謂組成期的梵教。吠檀多派的開祖，就本經所舉幾多先師去考察，可知在其以前，已有統一大成祕書之哲學的企圖了。

如後述的梵教本經文章過於簡約，很難捕捉其眞義。於是學者輩出，從事本經的註釋或講解。這個時代，便是第四的講解期，在某種意味上可說是直延長到現代。不過印度學者的註釋不單是教義的敷演以及字義的解釋，還有爲發表獨自的哲學觀而自由利用本經的。

在「祕書」哲學集大成的本經裏列舉七個先師，即：Ātreya，Āshmarathya，Audulomi，Kārshṇājini，Kāshakritsnā，Jaimini，Bādari。

印度學研究者，推定梵教始祖婆陀羅耶那仙人（Bādarāyana or Vādarāyana）的出現年代，大概在紀元四百年。並且把他和毗耶娑、（Vyāsa）即廣博仙人，視作一人。相傳這仙人是最初編輯整理吠陀史話摩訶婆羅多等聖典的，是一位神話的聖者，別名 Dvaipāyana 又稱吠陀毘耶娑 Veda-vyāsa，然以編輯吠陀等的毘耶娑與梵教教祖同目爲一人，就作品性質看來，亦不合理。恐怕另有一個毘耶娑，是梵教始祖罷？印度對於典型的大編輯家，概給以毘耶娑的稱號。現在姑認毘耶娑 Dvaipāyana 大仙和毘耶娑婆陀羅耶那大仙全爲別個的人物。

梵教教主手成的根本聖典，有如次的許多名稱：

內在我思惟經 (Shārīraka-mīmānsā-sūtra)

婆陀羅耶那經 (Bādarāyana-sūtra

吠檀多經 (Vedānta-sūtra)

毘耶娑經 (Vyāsa-sūtra)

梵經 (Brahma-sūtra)

內在我經 (Shārīraka-sūtra)

後思惟經 (Uttara mīmānsā-sūtra)

梵思惟經 (Brahma-mīmānsā-sūtra)

下文用梵經一名。這經是從極短的經條集合成功的。經條的數目，據商羯羅阿闍梨 (Shankarāchārya) 說是五百五十五；據羅摩拏闍阿闍梨 (Rāmanujāchārya) 說是五百四十五。第一經條，明示梵的思索是立教的本義，說：『爾今向梵之欲知……』(atha ato brahma-jijināsā iti) 第二經條明示最高實在的梵，是這世界生住滅的本因，說：『由彼而生此……』 (Janma-ādi asya yata, iti)

因字句過簡略，若無註解，便不能探得其眞義，故其後出現幾多註釋者。梵教的根本義，乃說法性（cosmical principle）之梵與心性（psychical principle）之我的不二，開示所謂梵我一如（Brahma-ātma-ai-kyam）之妙理。

然而許多註解者，各由其獨自之見地，而立異解，於是梵教內產生種種流派。

註釋家最偉大者，是前記的商羯羅羅摩笯闍二大阿闍梨。相傳商羯羅生於紀元七百八十八年，歿於八百二十年。彼爲宣傳梵教，公布幾多的著書和註解，或則在印度的四方，建設四大道場，擴張破邪顯正的論陣。彼比之希臘的柏拉圖（Plato or Platon）和德國的康德（Immanuel Kant），毫無遜色，是一樣的大哲學家。

彼對於神觀，立勝智劣智二級，所謂勝智，便是從高級神學上，爲超絕人格，及屬性的絕對無相之勝梵，成唯一無二的實在；所謂劣智，便是從劣級神學上，承認有人格的劣梵卽自在（Īshvara）之假存。至其宇宙觀，則立眞諦俗諦二門，眞諦門主張差別界的幻空，俗諦門肯定萬法的假在。如是依二樣的見地以考察神靈及宇宙，但彼之信仰，無論是在勝智及真諦門，彼之哲學是絕對的唯心論，以「無二論」（Advaita-vāda）的名稱，見知於時。彼所著梵經之註釋，名內在我大疏（Shārīraka-bhāshya）又名商羯羅大疏（Shankara-bhāshya）。這大疏的註解，更有如左列的許多末釋：

內在我正理明斷（Shārīraka-nyāya-nirnaya）

內在我正理咒寶（Shārīraka-nyāya-rakshā-mani）

內在我大疏記（Shārīraka-bhāshya-tīkā）

內在我大疏正理評註（Shārīraka-bhāshya-nyāya-vārttika）

內在我大疏正理判別（Shārīraka-bhāshya-nyāya-vibhāga）

此外還有多數的末釋，右舉的第一是 Ānanda-tīrtha 所作，第二是 Appaya-dīkshita 所作。今日南印度的傳承派（Smarta）婆羅門，說是承繼商羯羅正系。

與商羯羅相並的大註釋家羅摩拏闍，一名耶底羅闍（Yati-rāja）在十二世紀，出於南印度，遺留名著頗多。相傳彼生於一千零十七年，歿於一千一百三十七年。世人仰戴彼為最高實在之梵；為萬德圓滿之人格神而與毘紐神（Vishnu）同視為四大毘紐派之一的吉祥毘紐派（Shri-vaishnava）始祖。

羅摩拏闍哲學的特色，如彼所著一切見要集所指的，在於立「最勝梵」（Para-brahman）「有思」（Chit）「無思」（Achit）三諦（padārtha-triyam）之點。「最勝梵」，為全智全能之毘紐神，有思是多數的個人我，無思是可見的物質界。

右之三諦，本質上雖是各個獨立存在的，但其間有密切不離之關係。梵為內住導師（Anta-ryāmin）遍在於有思無思兩界。就是說個人我以肉身作住處，而梵是以個人我作住處的。彼之思想，從立三諦之點說是多元論的；從認神靈人靈之間有永劫的差別之點說是二元論的；從有思無思依屬於神靈而不離之點說，是一元論的。

彼立相對的一元論，視為緩和商羯羅流派的一元論，而附以局限無二論（Vishishta-advaita-vāda）的名稱。彼所著梵經的註釋名吉祥大疏（Shrī-bhāshya）或羅摩拏闍大疏

(Rāmānuja-bhāshya)，計有下列諸註釋：

吉祥大疏燈（Shrī-bhāshya-dīpa）

吉祥大疏註（Shrī-bhāshya-vritti）。

吉祥大疏備考（Shrī-bhāshya-vritty-upanyasa）

吉祥大疏要集（Shrī-bhashya-sangraka）

吉祥大疏安荼羅國記（Shrī-bhāshyān-dhra-tīkā）

吉祥大疏所解祕書大語註釋（Shrī-bhāshyodāhritopanishad-Vākya-vivarana）

除商羯羅羅摩拏闍兩大家之外，還有許多學者，或是解說本經，或是論述梵教，現在避免議論過於龐雜，姑且略之，不再介紹了。

〔梵教研究資料〕

（1） Vedānta-sūtras, translated by Dr. K. M. Banerjea, Calcutta, 1870.

（2） Brahma-sūtras, with Shankara's Commentary, edited in Anandāshrama Series, 1890—1891.

(3) Saered Books of the East. Volume XXXIV. Vedānta-sūtras with the Commentary of Shankarăchārya. Part I, Oxford, 1890.

Volume XXXVIII, ibid, Part II, Oxford, 1896. Translated by Georg Thibout.

(4) Paul Deussen: Die Sūtra's des Vedānta nebst dem Vollständigen Kommentare des Shankara, aus dem Sanskrit übersetzt, Leipzig, 1887.

(5) Sacred Books of the East, Volume XLVIII, Vedānta-sūtras with Rāmānuja's Shrībhāshya. Translated by Georg Thibout, Oxford, 1904.

(6) Dr. Balantyne: Aphorisms of the Vedānta, Mirzapore, 1851.

(7) Shrībhāshya, translated by M. Rangăchārya and M. B. Varadrāja, Madras, 1899.

(8) Rāmāmija-bhashya, in the Pandit, New Series, Volume VII.

(9) Vedānta-paribhāshya, in the Pandit, New Series, Volume IV, p. 496.

(10) Panchadashì, edited with English translation, Bombay, 1895.

(11) Vedānta-siddhānta-muktāvalī, edited with English translation by Professor Venis, Benares, 1890.

(12) Vedānta-sāra, edited by Jacob, with commentary and notes, Bombay, 1894.

(13) Vedānta-sāra, translation, third edition, London, 1892.

(14) Vedānta-sāra, with Nrīsinha Sarasvatī's Subodhinī and Rāmatīrtha's Vidyanmanoranjinī, Calcutta.

(15) Dr. Paul Deussen: Das System des Vedanta, nach den Brahma-sūtra's des Bādgrāyana und dem Kommentare des Shankara über dieselben als ein Compendium der Dogmatik des Brahmanismus von Standpunkte des Shankara aus dargestellt, secend edition, Leipzig, 1806.

(16) F Max Müller: The Vedānta Philosophy, in the Collected Edition, London, 1904.

(17) E. W. Windischmann: Sancara, seu de theologumenis Vedānticorum, 1833.

(18) Archibald E. Gaugh: Philosophy of Upanishads and Ancient Indian Metaphysics, third edition. London.

(19) Colonel G. A. Jacob: A Concordance to the Principal Upanishads and Bhagavadgītā, Bombay Sanskrit Series, 1891.

(20) Dr. Paul Deussen: Die Philosophie der Upanishads Leipzig, 1899.

(21) M. Haug: Brahma und die Brahmanen, München, 1871.

其次，略叙瑜伽學派（Yoga）。按瑜伽二字，含有凝念，觀想，融合等義，印度常用作開發直觀智方法之總稱。

因爲把始祖帕坦楂力（Patanjali）指爲與文典家的帕坦楂力是同一人，所以推定這派的成立，約在紀元前二世紀時。

始祖所作的本經，計有瑜伽經（Yoga-sūtra），毘耶娑（Vyāsa）在七世紀時著瑜伽大疏，(Yoga-bhāshya)這是最古的註解。此外，十一世紀有波闍提婆王，亦有一註。

這學派完全襲用數論派的教理，加上瑜伽的觀行，且增二十六諦的勝異我，即神靈，而改造二十五諦。

〔瑜伽派研究資料〕

（1） Yoga-värttika (herausgegeben von Bamakrishna Keshvashästrin), Benares, 1884.
（2） Shankara's Rājayogabhāshya, translation, Madras, 1896.
（3） Hathayoga Gheranda Sanhitā, translation, Bombay, 1895.
（4） Paul Markus: Die Yoga-Philosophie nach dem Rājamārtanda dargestellt, Leipzig, 1886.
（5） Vivekānanda: Rāja Yoga, London, 1896.
（6） Karl Kelinar: Yoga: Eine Skizze, München, 1896.

(7) The Yoga Aphorisms, translated by Rājendralāla.

(8) Hathayogapradīpikā, 1893.

(9) Sabhāpati Sovarni, Om: A treatise on Vedantic Raj Yoga Philosophy, edited by Siris Chandra Basu, Lahore, 1880.

最後，就勝論派一言。這學派，依科學的研究法，將觀念及對象分析的考究，是一種煩瑣哲學。佛典裏常把這派的梵名 Vaisheshika 音譯爲毘世師，衞世師，吠世史迦等，或者義譯爲最勝論無勝論勝異論勝論勝宗等。

這派的教祖名蹇拏陀大仙(Kanāda, Kanabhaksha or Kanabhuj) 一名優樓佉 (Ulūka)，便是鵂鶹仙人。彼立「實」「德」「業」「同」「異」「和合」六句義 (padārtha)，以考察宇宙人生各問題；後來學者增加「無說」的句義，成七句義，更有慧月 (Chandramati) 撰勝宗十句義論，於是成立十句義了。所謂十句義，除去前揭七句義外，加上「有能」「無能」「俱分」的三句義。

敬啟

『民國專題史』叢書，乃民國時期出版的著名學者、專家在某一專題領域的學術成果。所收圖書絕大部分著作權已進入公有領域，但仍有極少圖書著作權還在保護期內，需按相關要求支付著作權人或繼承人報酬。因未能全部聯系到相關著作權人，請見到此説明者及時與河南人民出版社聯系。

聯系人 楊光
聯系電話 0371-65788063